人生の教科書

［情報編集力をつける国語］

藤原和博　重松 清　橋本 治

筑摩書房

この一冊で、伝えるチカラが身につきます

目次

人生の教科書［情報編集力をつける国語］

序　コミュニケーションの復興を！

『人生の教科書［情報編集力をつける国語］』は、人生に必須のコミュニケーション技術を磨き、国語力を高めるための教科書です。

コミュニケーションするチカラが育たないのはなぜか

いきなりですが世の中で最も必要とされる国語力とはなんでしょう？

いまこの国では、自分の意見を表現する力、いわゆる「コミュニケーションするチカラ」が、急速に退化しています。

たとえば、東京大学の苅谷《かりや》剛彦《たけひこ》教授は、その著書『知的複眼思考法』（講談社）で、こんなふうに述べています。

「受験勉強に精を出して東大に入学してきた学生たちは、なるほど勉強熱心ではあるし、のみ込みも早い。答えの探し方も得意である。だが、自ら問いを探したり、それを上手に表現することになると、発想の堅さが目につくのである。」

なぜでしょう？　原因は、次の3つに絞り込めるのではないかと考えます。

その①　社会そのものが便利になり、コミュニケーションする必要がないこと

100円出せば自動販売機で飲み物が買えますし、コンビニに行けば無言のまま1時間でも立ち読みしていられます。昔のように駄菓子屋でオバチャンと交流したり、お母さんの買い物に付き合って、安くて活《い》きのいいネタを選び抜くため魚屋さんと値引き交渉するのを聞く機会もなくなりました。

小中学生のコミュニケーションは、仲間同士で戦ったり交渉したりする代わりに、ゲームマシンの中での指先の操作に変換されてしまいました。

イジメも、強いものが弱いものを言葉で攻撃するのではなく、無視して会話を遮断《しゃだん》する〝ハブ〟という方法がとられます。

電車の中での最高の暇つぶしは、もはやケータイでのメールチェックとゲームです。ここでもコミュニケーションは、親指の裏側に隠されてしまいます。

家庭でも、もはや会話はそれほど必要ありません。家族がそれぞれの役割を黙って演じているかぎり、傷つけられることはないのです。本来、違った考えの人間が同居していれば起こるはずの衝突やコミュニケーションのすき間はテレビが埋めてくれ、

「勉強しなさい」「マジ、ウルセエなあ」

「宿題大丈夫なの?」「関係ないって」

「英語はどうだった?」「まあまあ」

「今度の先生は発音どうなの?」「別に……」

「あんた何考えてるのよ」「意味不明!」

てな具合の対話、いや「独り言の応酬」で、日常が過ぎていきます。

戦いのないところでは、コミュニケーションは退化するわけです。

その② 時代が常に〝正解〟を要求していたこと

戦後、高度産業化によっていち早く経済的に豊かになることを目指した日本は、暗黙の了解として〝早く〟〝ちゃんと〟〝いい子に〟正解に到達することを美徳としました。そうした「情報処理力」の高いサラリーマンを大量に輩出することが、産業界から求められたからです。

早く豊かになってしまえるなら家庭にとってもありがたい。だから、父と母は役割分

担をして、父は会社で、母は家庭で、〝早く〟〝ちゃんと〟仕事をこなしてきたのです。この態度を日本人に広く浸透させるのに機能したのは、ほかでもない、学校です。

学校は、産業界の出先機関として「できるだけ早く空欄に正解を書き入れなさい。あなたも、あなたも、みんなガンバればできるんだから！」という〝サラリーマン教〟の教義を広め、家庭は学校の出先機関となって子育てにもこの教義を採用しました。

間違った教義を教え込んだ、と指摘したいのではありません。〝早く〟〝ちゃんと〟〝いい子に〟という宗教を採用したことは、大正解だった。だからこそ日本には、こんなに早く、大量の中流サラリーマン家庭が出現しました。

こうして日本の教育は、正解のない中で試行錯誤しながら、異なる意見を持った他人と対話し、ディベートして、自分の考えを実現させる「情報編集力」を置き去りにしました。そして大人たちは今、改めて正解のない現実を前にして、思考停止に陥っています。

自分の人生を編集するためのコミュニケーション技術を何も身につけていないことに呆然《ぼうぜん》としながら——。

その③　日本の「国語の教科書」は、戦後一貫して「道徳の教科書」だったこと

太宰治《だざいおさむ》の『走れメロス』やヘルマン・ヘッセの『少年の日の思い出』によって〝友

情〟とは何かを学び、魯迅の『故郷』によって〝望郷の情〟を学び、向田邦子の『字のないはがき』で〝親子の情愛〟を学ぶ。これらの作品は、不思議にどの教科書メーカーの教科書にも登場する定番です。

戦後、GHQの指導で「修身」による道徳教育が禁じられたため、「国語の教科書」で道徳教育をなし、好ましい日本人を育てようとしたのも無理はないでしょう。また、国語の教科書に登場するこれらの文章は、すべて良質な日本語で書かれていますから、漢字の知識も含めて〝国語力〟が高まることには、疑いの余地はありません。

しかし、いっぽうで、無条件に「正しい」文章を読み続けるだけだと、書かれているものを批判する力や、自分で考えようとする意欲がそがれることになります。

「下がりおろう！　このお方をどなたと心得る」と見得《みえ》を切る〝水戸黄門の印籠《いんろう》〟のように、〝裏切りのない友情〟や〝限りない親の愛〟という絶対的な価値の前では、私たちは、ただ頭《こうべ》を垂れる以外ないのです。

従来の国語の教科書で、読解を学んでいるだけでは、素晴らしい日本語を真似《まね》することはできても、ディベートや議論は起こりえない。つまり、現代社会の中で試行錯誤しながら自分の人生を選び取っていくために必要な「情報編集力」は育ちません。

さて、以上見てきた日本人のコミュニケーション力にダメージを与えている3つの原因のうち、1つめは便利になった社会の構造からくるもの、2つめは時代の要請からくるものですから、どちらも私たちには御《ぎょ》しがたい要因です。

変えられる可能性があるのは、3つめだけ。そこで、本書が登場します。「情報編集力」を育てるために私たちに今できることは、従来とは別の視点で、コミュニケーション技術に特化した「国語の教科書」を生み出すことではないか？

そうした考えから、本書の編纂《へんさん》が始まりました。

中学生以上すべての読者を対象にしているので、ビジネスマン、教育問題の将来を危《き》惧《ぐ》する保護者の方々、学校の先生を含む教育関係者も、十分に楽しみながら、各章の講座に参加していただけるはず。

編著者一同は、この教科書を、中学生以上すべての日本人の、豊かなコミュニケーションの復興のために捧《ささ》げようと思います。

本書の特色について

本書は、作家の重松清《しげまつきよし》、橋本治《はしもとおさむ》と編著者の藤原和博《ふじはらかずひろ》の共同編集によるものです。

第1章では、重松の『ワニとハブとひょうたん池で』を教材にして、自分の気持ちを他人に伝える、あるいは他人の気持ちを深く読み解くのに役立つ表現技術を学びます。

第2章は、同じく重松の『エイジ』を教材にして、編集的な思考法に迫ります。

大人は、よく子供に「もっとよく考えてものを言いなさい！」と言って叱《しか》りますが、子供の側からすると実はほとんど、どう考えればいいものやら、イメージができていない。だから「どうやって、ものを考えるか」という技術の伝授をていねいにやります。

重松の作品は、いずれも14歳の男女が主人公。クラスメートや家族との今日的な関係を描いた、中学生に身近な作品。

この2章分、合計9講座で、世の中で必要とされるコミュニケーション技術を身につけ「情報編集力」を高められるようにしています。

「国語的にものを考えるとはどういうことか？」という本質に迫っていますから、「なぜ国語を勉強しなければいけないか？」という、世の先生や親たちがいつも困ってしまう子供からの疑問に答えることにもなるでしょう。

なお、これらの9講座は、趣旨に賛同して半年にわたって中学2年生向けの授業を設定してくれた品川女子学院の神谷岳《かみたにたけし》教諭との共同開発によるものです。

実際の授業では、毎回、生徒の活発な反応や問いかけが起こりました。そこで本書では、彼女たちの発言や記述を混ぜながら講座を構成することにしました。

学校の先生もこの教科書を十分に使いこなせるように、授業で使用したワークシートを、各講座の最後に添付してあります。

さらに、「読書感想文」や「書評」の書き方のコツについて、特別講座を設けました。いまや7割以上の小中学校で、朝読書が励行されているようですが、本は眺めているだけでは、読解力が身につきません。でも、感想文を書かされるのは苦手という読者は、ぜひご一読ください。笑っちゃった末に好きになるかもしれませんよ。

第3章は、橋本治による古典講座です。

「古典」にこそ、コミュニケーションの原点があります。

「和歌はラブレターだった」というように、男と女の、なんとかしたいがなんともならない、そんな感情の動きを表現する日本語の技法があったのです。

日本語はどのように成立していったのか。

漢字、カタカナ、ひらがなの歴史を軸に、生き生きと展開します。歴史上の著名な作品の解説や作者像などは、橋本の博識と深い洞察力ならではのものです。中学生、ビジネスマン、主婦、国語の教科担当以外の先生を問わず、「古典は苦手」というすべての日本人の認識が、この1章によって変わることでしょう。

そして第4章では、重松の書き下ろしエッセイを楽しみながら、物語る技術に、最後の磨きをかけてもらいます。

本書のテーマである「コミュニケーションとは何か」――を、ここでもう一度再発見してください。

本書であなたが学ぶのは、あくまでも情報の編集という「技術」です。美しい日本語や漢字のボキャブラリーではなく、道徳や倫理でもない。それは、新しい日本人として生まれ変わるための「コミュニケーション技術」でもあるのです。

和田中学校校長　藤原和博

第1章

重松清の『ワニとハブとひょうたん池で』で、「表現法」をトレーニングする

藤原和博

講座❶　自己紹介はドラマチックに

4コマ漫画に「起承転結」を学ぶ

「小説の書き出し」と「自己紹介」は似ている。

最初の切り出し方で、読者や聞き手の態度が決まってしまうからだ。

小説の書き出しが面白ければ、読者は「次はどんな展開になるのだろう」と期待してページを繰るに違いない。

また、うまい自己紹介は、最初の一言で聞き手の注意を自分に向けさせ、そのキャラクターを効果的に印象づけようとする。

どちらも、**原則は〝ドラマチック〟であることだ。**

〝ドラマチック〟というのは漢字では普通〝劇的〟と書くが、もうちょっとかみ砕いて考えてみたい。

常識的な文章作法の中では、「起承転結」がはっきりしていることが好ましいとされる。この順番で物語られると、読み手や聞き手はわかりやすいからだろう。

起＝まず、ある状況が起こったことが描かれ、
承＝それを承《う》け継《つ》いで物語が展開するのだが、
転＝突然「アッ！」と驚くような、なにか思わぬことで話が転じ、
結＝それが最終的にどう決着したか、で結ばれる。

中国の四行詩（漢詩）がこのスタイルの元祖だが、一番わかりやすい例は、新聞の社会面の左上にある4コマ漫画だと思う。朝日新聞の「ののちゃん」（いしいひさいち作）の例を見てみよう。

次ページの右の漫画（第1796話）では、第1コマで藤原《ふじわら》先生がなかなか来ない教室の様子を示し＝「起」、第2コマで連休の狭間《はざま》だから来ないんじゃないの、という予想をしている教室の様子を見せたうえで＝「承」、第3コマで、おおかたの予想を裏切って、その藤原先生が教室に現れたという事件（!?）で話が転じ＝「転」、第4コマで

2002年4月30日、29日掲載。©いしいひさいち

は、来ているのに「先生はお休みです。自習にします」という奇妙な結論を描いてみせている＝「結」。

あなたも、自分が読んでいる新聞の4コマ漫画をいくつかチェックして、4つのコマがそれぞれ「起」「承」「転」「結」のうち、どの役割を担《にな》っているか確認してみてほしい。けっこうきれいな「起承転結」が多いことに気づくのではないだろうか。

ところが、左の漫画（第1795話）は、ちょっと違った構成になっている。

第1コマでミヤベ君が「大事件だ、大事件だ！」と騒ぎ立てている様子から入り、第2コマでいきなり「オモチャ屋のおばさんが消えた！」と「転」じる。第3コマで「まさか殺人事件⁉」と「承《う》」けてみんなが騒ぎだす場面を見せたうえで、第4コマでネタをばらし、実は（地上げされたのだろう）建設現場と化した元オモチャ屋跡地の様子を描くことで結んでいる。いわば、「起転承結」という展開だ。

「ドラマチック」とは、この「起」「承」「転」「結」のうちの「転」が魅力的で、心が躍ることである。

順番は、入れ替えも可能だ。小説では、「転結起承」というように、先にドラマが起こってしまう例もしばしば見られる。

小説と自己紹介の意外な共通点

ここで、重松清《しげまつきよし》の『ワニとハブとひょうたん池で』（新潮文庫『ナイフ』に収録。以下『ワニハブ』と呼ぶ）の冒頭のシーンをのぞいてみよう。


町にワニが棲《す》みついた。

あたしが新聞記事でそれを知ったのは、夏休みが始まってしばらくたった頃だった。記事によると、「大泉公園のひょうたん池にワニがいる」という噂《うわさ》は、夏休み前からひそかに流れていたらしい。中年のアマチュアカメラマンが草むらを歩く体長九十センチほどのワニを目撃したのが五月、もっとさかのぼって、四月と前の年の九月にも、造園関係の人がワニらしき生きものを見かけていたそうだ。

あたしの家は、公園と二車線道路を隔てて建つ四階建てマンションの最上階、ベランダに出ればひょうたん池をほとんど一望できる位置だ。町が寝静まった深夜には、サカリのついた捨て猫が公園のあちこちで鳴き交わす喉《のど》を絞めつけるような声が、びっくりするほどくっきりと聞こえてくることもある。

だから、ワニを見かけた人が悲鳴をあげればきっと気づいたはずなのに、妙なところで皆さん慎み深く、そのくせ新聞が報道するやいなや「僕も見ました」「私も見たんです」

なんて次々に名乗り出るものだから、寝坊したあたしが朝刊を手にあわててベランダに出たときには、すでに池の周囲は報道陣や野次馬であふれ返り、こっそりエサを差し入れしてあげられるような状況じゃなくなっていた。

あたしは、ワニが好き。絵本やアニメに出てくる擬人化されたワニじゃなくて、もっとリアルな、水草のぬめりや泥のにおいをまとわりつかせた、ワニ。口がばっくりと裂けて、いつもおなかを地面にすりつけて、一日二十四時間をあたしたちの五分の一ぐらいのテンポで生きているような、ワニ。カメの甲羅にはなんの興味もなかったけど、ワニの背中には一度乗ってみたいな、と子供の頃からずっと夢見ていた。

ときどき、不機嫌で憂鬱《ゆううつ》で、「もう、どうだっていいやあ……」とつぶやいてしまうようなときには、ワニに食われて死んじゃうのも悪くない、と思う。ワニの歯はくさびみたいに尖《とが》っているけど、口のサイズが大きいぶん一気にことは運ぶはずだから、トラに食べられてしまうより痛くなさそうな気もする。少なくとも、何百尾ものピラニアに噛《か》みつかれるよりは、ずっといい。

ひょうたん池にワニが棲みついているのを知ったとき、あたしは「もう、どうだっていいやあ……」のまったただなかにいた。ワニに食われて死んじゃおう、かなり真剣に思っていた。

だから。

あたしがワニに差し入れしてあげるつもりだったエサは、十四歳のあたし自身の体だったのだ。

「町にワニが棲《す》みついた。」

いきなり、冒頭にこれである。何か事件が起こる胸騒ぎがしないだろうか。さらに、16行目「あたしは、ワニが好き。」、22行目「ワニに食われて死んじゃうのも悪くない、と思う。」、24～25行目「少なくとも、何百尾ものピラニアに嚙《か》みつかれるよりは、ずっといい。」と続き、30～31行目で決定的な一言「あたしがワニに差し入れしてあげるつもりだったエサは、十四歳のあたし自身の体だったのだ。」で、最初のひとかたまりの文章が結ばれる。

これは、作品全体が文庫本で55ページ分あるなかでの、冒頭の2ページだ。いきなり「転」で、読者を動じさせているのである。

中学校での授業で（基本的に品川女子学院での授業を指すが、以下一般的に中学校、中学生、生徒たちと表記する）、どの部分がインパクトがあって、文章の構成としてどんな工夫をしているかをグループ討議したところ、『ワニハブ』の冒頭部分でもっともインパクトのあるのは、最後の1行だとしたものが60％、最初の1行が20％で双方で8割を超えた。

●（主人公と）同じ歳だということもあり、ショックが大きかった。
●読んでみるまで、そこに書いてあることの予想ができなかった。

●普通は、好きな動物とかを答えるときには「犬」とか「猫」って言うけど……。
●なにか、ドラマでよくある音楽の前奏が聞こえてきたような気がした。
なかには、
●「だから。」の3文字にわざわざ句点を入れているので歯切れがよく、〝あたし〟の強くみなぎる決心を感じた。
という生徒もいた。〝私〟より〝あたし〟のほうが、生徒にとって、心の中でのシミュレーションがしやすいようだ。

じつはそのとき、「インパクトのある文章って言いますが、インパクトってどんな意味ですか?」という質問が出た。

さて、この質問に、あなたならどんなふうに答えるだろうか?

あくまでも1つの例だが、私は「ビックリマークがつく表現のことだよ」と言って黒板に大きな〝!〟マークを書いた。38ページのワークシートにあるように、素直に「印象に残る」と言い換えてもいい。

例えば自己紹介をクイズにする

じつは、世の中で百万べん繰り返されている自己紹介のコツも、このへんにある。

「起承転結」の順番を崩して「転」から入るほうが印象的なのだ。

私が生徒たちの前で行った自己紹介は、次のようなものだ。

「こんにちは、フジハラです。顔を見ていただければわかるように（この一言で目線が下に行っちゃっている生徒も一斉にこちらを向く）、私は、あるタレントさんに著しく顔が似ています。さて、いきなりクイズです。三択で答えてください。それはいったい誰《だれ》でしょう。1番、テリー伊藤《いとう》さん（エーッ！の声で一切手は挙がらず）。2番、つんく（激しいブーイングと大笑い）。3番、さだまさし（一斉に手が挙がる）」

あとで、「クイズ形式は使える！」と、ワークシートにメモした生徒が何人もいた。

ここで学ばせたかったことは、「自己紹介にも、小説と同じようにドラマチックな演出がいる」という事実だ。

では生徒たちはどんな自己紹介をするのだろうか。

実は、生徒たちには、『ワニハブ』の文章を読む前に、「簡単に、自分の自己紹介をしてほしい」と頼んであった。

授業では、それぞれワークシートに書き入れたものを元に、代表の2〜3人がみんなを前にして〝自分プレゼン〟をした。

「私の名前には〝和〟という漢字が入っていて、名前の由来は〝和《おだ》やかに、おしとやかに〟だと親から言われたんですけど、そうはなりませんでした（笑）」

「私の住んでいる町では犯罪が多いんです。（いきなり、エーッという驚きの声）それとは関係ないんですけど、小学校ではあだ名はずっとハグキでした（爆笑）」

この2人は相当うまかった。

実社会に出れば、少なくとも死ぬまでの数十年間に数百回、営業職などに就いて、多い人なら名刺交換や電話によるアポ取り（会う約束を取り付けること）などで数千回は自己紹介を繰り返すことになる。だから、自分のキャラクターをうまく伝えることのできる人には、運が開けてくるだろう。少なくとも、上手でない人より、他人との関係性が深まり、助けてくれる人が多くなるからだ。

自分プレゼン（自分自身のキャラクターのプレゼンテーション）のうまい人には、他人のエネルギーが流れ込んでくるのである。

30分で変化する自己紹介

インパクトのある自己紹介の例を理解した上で、もう一度『ワニハブ』を読んでみよう。そして、この文章がどうしてインパクトがあるのか、もう一度考えてみてほしい。

授業では、グループ単位の議論の過程で、生徒たちから、いくつかのキーワードが出された。「印象に残る自己紹介には何が必要か」という問いに対して、ワークシートに記された意見を見てみよう。

「自己紹介は、いままでただ自分の名前や趣味を言うだけでいいと思っていたのですが、この授業を受け、それだけでは〝本当の自分〟をアピールできないことに気づきました」

「自己紹介というと、趣味や好きな芸能人を言うイメージが強かったが、それよりも『自分にしかないもの』を見つけて、それを表現すれば、もっと自分を知ってもらえるんだとわかった」

「聞くほうの立場に立つことが必要だと感じた」

「自分をもっと知ることがだいじ」

「たくさんのことをバラバラに言うより、１つのことにしぼったほうがいい」

「なにか『え⁉』とか『そうなんだぁ』っていう感じのエピソードで語る」

「声の強弱を変えるだけでも、ドラマ的な効果が出る」

さて、こんなキーワードをゲットした生徒たちの自己紹介が、授業前と後で、どう変わったか――。

【生徒①】

授業前「私の名前は〇〇〇由です。由の字は自由の由です。八王子で生まれましたが〇

○と○○にも住んでいました。私の性格はよくわからないけど、よくとんでもない失敗をしたりもします。前に、こんなことがありました……」

授業後「私は、よく転びます。駅の階段で、学校で。一番ひどかったのは、品川女子に入ってすぐ北品川駅で電車とホームの間にはさまったのです。しかも、腰までです……」

【生徒②】

授業前「名前は○○○○です。趣味は歌をうたうことです。だから、いろいろな曲を聞きます。好きな歌手は○○○○です。部活は軽音楽なので、今度はその歌をやろうと思ってます」

授業後「私の将来の夢はギタリストです、と小学校6年の時、卒業式で言ったのに、もう変わってしまいました。やりたいことがたくさんでてきて、夢が具体的に決められないのです」

【生徒③】

授業前「こんにちは○藤○○です。私の名字は直系ではないのですが歴史上の人物の藤原鎌足《かまたり》からきています。ちなみに血液型はO型なんですけど、そのとおりの大雑ぱです」

授業後「突然ですが、私の家の前にワニではなく大きなヘビがいたことがありました。

けっこーかわいかったです。そして、その、翌年くらい田舎に行ったとき、こんどは小さなヘビが私の足にまとわりついてきました。たつ年だからか似ているヘビに好かれる私です」

いずれも、授業後の自己紹介の方が、よりドラマチックになっている。

生徒①と②は、中身がガラッと変わっているわけではなく、話の順番を入れ替えて、最初に一番インパクトのある「転」をもってきたことがポイントだ。いわば、構成の勝利である。

③は『ワニハブ』を読んだ後だったので、ワニに引っかけた話に切り替えたわけだ。この生徒の知恵には頭が下がる。

あなたが初対面の相手から、こんなドラマチックな自己紹介をされたら、どう感じるだろうか？

ましてや、あなたが学校や会社の面接官だったら、どうだろう？

講座❶のテーマ　自己紹介

1　印象に残る自己紹介には何が必要か

他の人の考えをメモしてみよう

キーワードを取り出そう

自分の考え	クラスの考え

2　テキストの分析

キーワードは『ワニとハブとひょうたん池で』の書き出しに活かされているか

自分の意見	班の意見

3 今回のキーワード

なぜそれが大切なのか

この作品の書き出しで印象的なのはどこか。そしてそれはなぜか

どこか

なぜか

4 自分の自己紹介に活かしてみよう

5 この授業で学んだこと・感想

講座❷ 他人の気持ちを知る

ロールプレイングゲームをやってみる

コミュニケーション技術のうち、他人の気持ちを理解する技術は、世の中のあらゆる局面で重要だ。自己紹介でも、相手がどんな文化的な背景を持っていて、どんな価値観を持っている人物かがわからなければ、独りよがりの自分プレゼンになってしまうかもしれない。商品企画のプレゼンを通そうとするときにも、相手が普段から課題だと思っていることがわかっていると、その課題の解決に直結するプレゼンをすれば断然通りやすくなる。

また、消費者の気持ちが第三者としてではなく当事者感覚でつかめる人は優秀なマーケティング担当者になるに違いない。かつて、女性向け就職情報誌『とらばーゆ』の創刊を成功に導いた男性の友人は、こんなふうに語っていた。

「市場調査をやって、働く女性にホンネのインタビューをすればするほど、おんなじ視線で会社の中のいろんなことが見られるようになるんだよね。『ナニよ、あの上司は！』とか、『私たちお茶くみじゃないのよ！』とか――。だんだん〝働く女性の目〟になってくる。ニューハーフになった気分だよ（笑）」

他人の視点で世の中を眺めてみる「ロールプレイングゲーム（以下ロープレ）」をやってみることは、ゲームとして楽しいというだけでなく、他人の気持ちをつかむための練習になる。

友達関係でも、ジコチューの困った友人は他人の気持ちになってみたことなどないのだろうし、男と女の関係でも、気持ちをわかってくれないあなたの恋人は、きっと「ロープレ力」が低いのだ。

だから、この講座では「ロープレ力」を磨こう。

（『ワニハブ』のつづき）

ある朝目覚めたら毒虫に変身していた……という外国の有名な小説があるらしい。あたしはまだ読んだことがないけど、自分が毒虫になっていることに気づいたときの主人公の気持ちは、なんとなくわかるつもりだ。

一学期の期末試験を数日後に控えた七月初め、あたしは一夜にしてハブになった。もちろん、ヘビになったわけじゃない。村八分のハチブを略して、ハブ。基本的には名詞だけど、動詞みたいにも使える。ハブらない、ハブります、ハブる、ハブるとき、ハブれば、ハブれ、ハブろう。あたしは、クラスの仲間からハブられた。要するに、つまはじきにされてしまったというわけだ。なんの前触れも、理由もなく。

「おはよっ！」

あの朝、あたしはいつものように元気いっぱいに教室に入っていった。でも、あちこちから返ってくるはずの朝の挨拶《あいさつ》がない。

あれ？　と一日の出端《でばな》をくじかれた感じだったけど、まだその時点ではさして気に留めずに自分の席についた。

「ゆうべさあ、まいっちゃったよ、留守録失敗しちゃって」

近くにいたナナコちゃんに声をかけたら、ナナコ、逃げた。逃げて、他のコたちのおしゃべりに合流した。このあたりで、胸がざらっと毛羽立ってきた。あたしはとっさに口実を見つくろって、隣の席のミドリちゃんに言った。

「あのさ、ちょっと数学の宿題、見せてくれない？　一問できなかったのがあるんだけど」

ミドリちゃんも、無言で席を立つ。

「……えーっ、なに？　それ」

とぼけたリアクションをしたつもりでも、声が微妙に震えるのが自分でもわかった。嘘《うそ》だよね、これ。すがる思いで後ろを振り向くと、アイちゃんは素知らぬ顔で、そっぽを向いた。ニキビが悩みのアイちゃんの頰に触れたあたしのまなざしは、まるでゴミ箱に放られる紙くずみたいに、ぽとりと床に落ちてしまった。

まさか……と嫌な予感は認めたくない確信に変わり、それを頭の中で巡らせる間もなく、床に落ちたまなざしが数人ぶんの上履きで踏みつけられた。

顔を上げると、四月に同じクラスになって以来なにかと折り合いの悪かったサエコが、腰巾着《こしぎんちゃく》のコを引き連れて立っていた。

「あのね」サエコは薄笑いを浮かべて言った。「あんた、今日からハブだから」

「ミキちゃん、かわいそーっ」とジュリの声があたしの肩を小突き、カオリが「がんばってねえ」と歯ぐきを剝《む》き出しにして笑う。

ちょっと待ってよ、なんであたしがハブられなきゃいけないのよ。理由を教えてよ。あたしに悪いところがあったら直すから。

なんて、訊《き》けるわけない。あたしにだってプライドがある。机の上に置いた自分の手の甲を無表情に見つめる。それがせいいっぱいだった。

サエコたちが立ち去ったあと、あたしはゆっくりと、慎重に教室を見回した。ウチの学校は私立の女子校なので、クラスは女の子ばかり三十七人。あたしを除いて三十六人。サエコは予想以上にクラスをまとめあげていた。周到に準備して、満を持してのハブ開始だったのかもしれない。目が合ったコは弾が命中すると標的が倒れるシューティングゲームみたいに次々にうつむき、その中には、親友だと信じていた同じ小学校出身のホナミも含まれていた。

クラス全員。どこにも逃げ込めない。あたしの視線を受け止めてくれるのは、黒板の隅に記された『今日の日直』の丸っこい文字だけだった。

一夜にして〝毒虫〟になったらどう感じるか？

「ある朝目覚めたら毒虫に変身していた……という外国の有名な小説があるらしい。あたしはまだ読んだことがないけど、自分が毒虫になっていることに気づいたときの主人公の気持ちは、なんとなくわかるつもりだ。」

と、〝あたし〟は言っている。

〝あたし〟は、外国の有名な小説――ご存じ、カフカの『変身』――の〝主人公〟の気持ちを、読んだこともないのに、なぜ、わかるのか？

そう、それは〝あたし〟と〝主人公〟との間に、自明の共通点があるからだ。

どんな共通点があるのか？

あたしは、カフカの『変身』の主人公が一夜にして〝毒虫〟になってしまったように、

〝ハブ〟になった。なんの前ぶれも、理由もなく。

さあ、あなたなら、どんな気持ちがするだろうか？

教室では、ここで「ロープレ力」を高めるための創作にチャレンジしてもらうことにした。「あなたがもし、一夜にして〝毒虫〟に変身したとしたら、どんな気持ちになるか。その時の状況を短い文章で表現してみよう」という課題だ。時間は5～10分しか与えない。スペースも58ページのワークシートにあるような小さなものだから、5～6行書けたら十分だ。結果は、2行しか書けなかったものから9行書いたものまであって、平均すると6行程度（150～200字）だった。

創作するにあたって条件は1つだけ。

ある朝、理由もなく突然〝毒虫〟に変身してしまったときの気持ちが読み手に伝わるように、一人称で文章を書くことである。

〝毒虫〟の種類や家族の状況などは何でもよい。生徒たちのなかにはかなり迷ってしまう者もいたけれど「虫に限らず、できるだけ、自分がもっとも気持ち悪いと思うものにしてください」とアナウンスした結果、多様な変身例が生み出されることになった。毛虫7名、クモ7名が一番人気で、ゴキブリ、ムカデと続く。ほかに、ドクガ、ゲジゲジ、タランチュラ、サソリ、ハエ、ハチと来て、ミミズ、ヘビ、カニまであった。

いくつかを見てみよう。

「朝、目が覚めたらクモになっていた。」……素直にここから書き出す生徒は多い。しかし、**講座❶**で書き出しの重要性を知ったためか、文章の始まりを演出しようとする努力が見てとれる。

「朝起きるとき、右手で目覚ましを止めようとしたら、なぜか思うように動かない。背中を持ち上げようとしても動かないのである。私は体がつっているのかと思った。思わず鏡をのぞいた。そこには巨大な真っ黒いクモが映っていた。もう一度鏡をのぞくと、まぎれもなくそれは私だった。

そのとき母が起こしに来た。私はとっさにベッドの下にもぐり込んだ。夢だと信じて。そしてさっき鏡に映った姿は自分ではないと信じて。」

鏡を小道具とする子は多い。

「なんで？　なんで虫になってるの？　自分の飼ってる犬が超デカく見える。でもこれはヤバそう。見つかったら殺される……。」

気持ちの動きを表現する生徒も現れる。

「……ドクのある虫なんて、悪趣味なコレクターはともかく誰《だれ》も近づいてくれないにちがいない。いや、もし近づけたとしても、どうやって私がドクガになったことを伝えるのだろう。」

「部屋全体がいつもより大きく感じる。天井が高い。夢?……それがはっきりと分かったとき、どうして私が? みんなも毒虫になっているのかな? 私だけ!……」「どうして自分だけが……。となりのおばちゃんでも誰でもいいはずじゃない。夢だと思いたかった。他人がこんなふうになったら笑ってやれるのに、自分がこんなになってしまうなんて……」

「どうして自分だけが」「なんで私が」というのは、癌《がん》の告知などを受けたり、突然自分の子が不治の病であることを知らされた親が、まずはじめに感じる、ごく自然な感覚だ。そういう意味で「ロープレ力」を感じる表現だ。

ウイットある表現も登場した。

「……鏡を見たらどっから見ても毛虫。自分を見てても鳥肌が立ってくる。でも毛虫だから鳥肌なんて立ちやしない。」

「うーん、体中がいたい。寝違えたかなあ?……」

かなりディテールを描き込んで、小説しちゃっている子もいる。

「うそ。信じられない。自分がこんな姿になるなんて。じょう談でしょ? こんなの私じゃないよ。明日もまた、いつもの普通の、あの自分の姿だと思って、うたがいもしなかった。手に長い毛が生えてる。口から……何コレ、糸?……」

「ブンブンブンブン。いま自分の耳に聞こえるのは自分の羽音だけだ。……ただただ体中に感じるのは風でもなければ熱でもない。恐怖と寒け。」

1行目を直すだけで文章が見違える

明らかに、前回の「ドラマチック」の授業で学んだことを受けて、あとから1行目に手を加えた文章もある。

「ある朝目覚めたら、えたいの知れないウニョウニョしたものが自分の体だった。」と、ごく自然に書き始めたのだが、あとから冒頭に、ある表現をつけ加えたことで見違えるようによくなった。

「グチュ、グチュ……かすかに聞こえるこの気持ち悪い音。ある朝目覚めたら、えたいの知れないウニョウニョしたものが自分の体だった。」

音から始めたのだ。

授業中、書きよどんでいる様子の子に「何が見えるかな、何が聞こえるかな、何が匂《にお》うかな……？」と刺激を与え続けたこともある。このような発言は考える力の刺激剤として重要だ。刺激すればするほど、考える糸口がつかめるようになる。「まず、目を開いたとき、何が見える？　天井かなあ、床かなあ、時計かなあ、自分は見えるのかなあ。光は？　匂いは？　親と一緒なの？　兄弟は？　何が聞こえるの、はじめに？」という具合にどんどん刺激を与えるのだ。

また、次の2人の文章については、1行目だけ変えることでどんなに良くなるか、みんなに見比べてもらった。

【生徒①】

修正前「ある朝目覚めたらゴキブリになっていた。私は起き上がることもできずにもがいていた。すると、いきおいあまって、何かが起こった。ナント、飛んでいたのだ。」

修正後「私は起き上がることもできずにもがいていた。すると、いきおいあまって、何かが起こった。ナント、飛んでいたのだ……」

このほうがよっぽど、何が起こったのだろうという期待感が高まる。正体は後から明かしたほうがいい。

【生徒②】

修正前「目をあけて気づいた。生臭いし、使い慣れない足がたくさん……たかあしガニ。このまま水族館に送られてあの人たちの仲間にされると思うと……」

修正後「生臭い！　目をあけて気づいた。使い慣れない足がたくさん……たかあしガニ。このまま水族館に送られてあの人たちの仲間にされると思うと……」

匂いから入る。視覚よりも嗅覚《きゅうかく》から入ったほうがドキドキするではないか。

「気持ち悪い」と言わないで〝気持ち悪さ〟を伝えるには

ここで、カフカの『変身』の冒頭部分を眺めてみることにしよう。

ある朝、グレーゴル・ザムザがなにか気がかりな夢から目をさますと、自分が寝床の中で一匹の巨大な虫に変っているのを発見した。彼は鎧《よろい》のように堅い背を下にして、あおむけに横たわっていた。頭をすこし持ちあげると、アーチのようにふくらんだ褐色《かっしょく》の腹が見える。腹の上には横に幾本かの筋がついていて、筋の部分はくぼんでいる。腹のふくらんでいるところにかかっている布団はいまにもずり落ちそうになっていた。たくさんの足が彼の目の前に頼りなげにぴくぴく動いていた。胴体の大きさにくらべて、足はひどくか細かった。

「これはいったいどうしたことだ」と彼は思った。夢ではない。見まわす周囲は、小さすぎるとはいえ、とにかく人間が住む普通の部屋、自分のいつもの部屋である。四方の壁も見なれたいつもの壁である。テーブルの上には、布地のサンプルが紐《ひも》をほどいたまま雑然と散らばっている。――ザムザは外交販売員であった。――テーブルの上方の壁には絵がかかっている。ついこのあいだ、絵入り雑誌にあったのを切りとって、こぎれいな金箔《きんぱく》の額に入れてかけておいた絵だ。毛皮の帽子をかぶり、毛皮の襟巻《えりまき》をまいた婦人がひとり、きちんと椅子《いす》にかけて、大きな毛皮のマフの中にすっぽりさしいれた両腕を前にさしだしている絵である。

　それからグレーゴルは窓の外を見た。陰気な天気は気持ちをひどくめいらせた。——窓の下のブリキ板を打つ雨の音が聞える。——「もう少々眠って、こういう途方もないことをすべて忘れてしまったらどうだろうか」と考えてもみたが、しかしそれはぜんぜん実行不可能だった。なぜかというと、グレーゴルには右を下にして寝る習慣があったが、現在のような体の状態ではそれはできない相談であった。どんなに一所懸命になって右を下にしようとしても、そのたびごとにぐらりぐらりと体が揺れて結局もとのあおむけの姿勢にもどってしまう。百回もそうしようと試みただろうか。そのあいだも目はつぶったままであった。目をあけていると、もぞもぞ動いているたくさんの足がいやでも見えてしまうからだ。しかしそのうちに脇腹《わきばら》のあたりに、これまでに経験したことのないような軽い鈍痛を感じはじめた。そこでしかたなく右を下にして寝ようという努力を中止した。

　グレーゴルは思った。「やれやれおれはなんという辛気くさい商売を選んでしまったんだろう。年がら年じゅう、旅、旅だ。店勤めだっていろいろ面倒なことはあるのだが、外交販売につきまとう苦労はまた格別なのだ。そのうえ、旅の苦労というやつがあって、そればかりはどうにもならない。列車連絡の心配、不規則でお粗末な食事。それに、人づきあいだってそうだ。相手が年じゅう変って、ひとつのつきあいが長つづきしたためしなしで、本当に親しくなるようなことなんかぜったいにありはしない。なんといういまいましいことだ」腹の上がなんだか少々かゆい。頭をもっと高くもたげられるように、あおむけになったままずこしずつ体を上のほうへ、寝台の前枠《まえわく》のほうへずらせてみると、そのむずがゆい場所が見えた。そこにはただもう小さな白い点々がいっぱいくっついていた。それがなんであるかはわからなかった。一本の足を使ってその場所にさわってみようとしたが、すぐまたその足を引っこめた。ちょっとさわってみたら、ぞうっと寒気がしたからである。

（『変身』［高橋義孝訳・新潮文庫］より）

35

すぐに気づくのは、こんなに〝気持ち悪い〟体験をしているのに、〝気持ち悪い〟とは一言も言っていないこと。生徒たちの文章の中に見られた次のような感情表現――不安になった。吐き気がする。驚いて、あせって、ぞっとした。嫌だ。ショックだ。ビックリした、というような表現。あるいは、グロテスクな、憂鬱《ゆううつ》な、という形容――がカフカの文章にはまったく見当らない。

〝気持ち悪い〟に通じるダイレクトな感想のようなものは、

16行目「陰気な天気は気持ちをひどくめいらせた。」

36行目「ちょっとさわってみたら、ぞうっと寒気がしたからである。」

の二ヶ所ぐらいだが、これさえも、自分が毒虫に変身したことに対する直接の感想ではない。

では、もう一度『ワニハブ』の文章に戻って、カフカの『変身』との表現上の共通点を探してみよう。

すると、〝ハブ〟つまり村八分でイジメの対象になっていく〝あたし〟の心の動きに関して、重松もまったく「辛《つら》い」とか「悔しい」というような感情表現を使っていないことがわかる。

そのかわり、こんなふうに、その、辛さ、寂しさ、恐ろしさを表現している。

25〜26行目「あたしのまなざしは、まるでゴミ箱に放られる紙くずみたいに、ぽとりと床に落ちてしまった。」

28行目　「床に落ちたまなざしが数人ぶんの上履きで踏みつけられた。」

36〜37行目「机の上に置いた自分の手の甲を無表情に見つめる。」

44〜45行目「あたしの視線を受け止めてくれるのは、黒板の隅に記された『今日の日直』の丸っこい文字だけだった。」

重松は、ここで〝あたし〟の視線——目のやり場にこだわっている。

自分の周囲のものごとの中で、目に見えたり、聞こえたり、匂ったりする細部の様子をひとつひとつ丹念に描き込んで感情を描こうとするのは、かなり高度なテクニックかも知れない。しかし、生徒たちの中には、こんな文章を書く子も現れた。

「目の前に広がる青い世界。私のパジャマの色。必死ではいだした私の前に広がるのは、のっぺりした白いシーツの海。小さくなった私の体。すべすべして、びみょうに虹色《にじいろ》がかるウロコの生えたひふ。手も足もない。ひめいをあげようとした私の口からもれるのは、シューシューという息の音だけだった。」

クラスメートが続々と書きはじめ、もう書き終わった子も出たほどの時間が経《た》ってから、まだ白紙だった彼女のワークシートの枠が突然埋まっていった。待たなければならない子もいるのだ。

俳句だって、事実で感情を表現する

まわりの様子を克明に表現することで、それを見たり聴いたりしている主人公の感情を表現することは、日本の伝統文化「俳句」にも通じている。

古池や
かわず飛び込む
水の音

誰でも知っている松尾芭蕉《ばしょう》の句である。
もし、これが次のような感情表現から始まっていたら、どうだろう。

静かだな
かわず飛び込む
水の音

まったく、感じ入らないだろう。直接に表現されてしまったことによって、かえって感情から遠くなってしまう。心に染《し》み込んでこないのだ。

まわりの様子を克明に表現するというよりは、要素をそぎ落とし、そぎ落とし、さらにそぎ落として、最後に残った最低限の要素だけで感情や状態を表現するのが、俳句の流儀だといえよう。

具体的な表現が役に立つ場面

〝気持ち悪い〟ことを〝気持ち悪い〟と言わないで、具体的な事実で語り起こす訓練は、実際、世の中のどんな場面で役に立つのだろうか。

それは、これからあなたを待ち受ける、入試や就職での小論文、面接、はては社会人になってからゴマンと書かされる報告書や企画書やメールの技術に生きてくる。

たとえば、入学試験や入社試験で「あなたにとって友情とはなにか？」について書きなさいというお題が出たとする。エントリーシート（企業の会社説明会応募シート）や面接で訊かれたときも同じことだ。極めて抽象的な問いかけである。

結論から言えば、「**抽象的な問いかけに抽象的に答えてはいけない**」。

具体的な、たった1つのエピソードから語り起こすのがよい。「お互い助け合い、励ましあうのが友情だと思います」と答えるより、「そういえば、こんなことがありました。私、中学の時、一度親友だと思っていた子に裏切られたことがあるんです……」と切り出すほうが、読むほうも（聴くほうも）、身を乗り出してくる。

形容の多い文章は、実際こんなふうに読みにくい。「友達のかけがえのなさは、私には、まったく疑うべくもない。とくにゼミでの友人達との積極的かつ活発なディスカッションは、アイディアを豊かにするし、得るものも大きいからだ。だから今後とも、一生懸命、友人との議論を深めて、より一層、お互いの強みと弱みを、いい感じで交流させていきたい。」（ある大学生の文章より）

読んだあなたには、何も記憶に残らないに違いない。それは、〝かけがえのない〟〝まったく〟〝積極的〟〝活発な〟〝豊かに〟〝大きい〟〝一生懸命〟〝深めて〟〝より一層〟〝いい感じで〟と、たった4行の文章に10個も修辞語（形容する表現）が並んでいるからだ。この場合、修辞語をひとつだけ取りあげて、どのように〝活発なのか〟をエピソードで語ったり、〝深まると〟どういう結果になるのかを、実際にあったゼミの議論などエピソードで語ることが必要だ。

このようなときは、むしろ、うまくいったほうのエピソードではなく、うまくいかなかったとき、つまり〝失敗〟のエピソードの方から語り起こしたほうがインパクトのある文章が書けるものだ。

同じことは政治家の答弁でも言える。「教育問題について、大臣の見解を述べてください」と問われて、「教育とは国家であります。国の礎《いしずえ》を築く行為でありますからして……」と演説が始まっても、聴く方は、またかという感じで、どこかに意識を飛ばしてしまう。それより、

「実は、先日、親戚《しんせき》の小学生が訪ねてきましてね、こんなことを言うんです。給食のビンバがおいしかったって。私、驚きました。給食がおいしいなんて、僕ら感じたことなかったでしょ。……」

とエピソードから入ったほうが聴く耳をもつだろう。さらに「私自身は、息子の教育では失敗しました。善かれと思って何でも先まわりをして子供にメニューを示したことが、本人にとっては、うっとうしかったようです。だから、世のお母さんにも私の失敗を繰り返さないように申し上げたいんですが……」と語りかければ、より共感を得られ、次の本論が伝わりやすい。

感想を述べる前に、感想の前提としての「語るべき事実」が必要だということは、感想や反省が生まれるような、友人とのもめごとや混乱や絶交などの〝負の体験〟や〝失敗〟がだいじだということだ。

その素材がない人は、いまからでも、勇気をもって、失敗からはじめてみてはどうだろう。

講座❷のテーマ　創作

1　本文読解

ある朝目覚めたら毒虫に変身していた……という外国の有名な小説があるらしい。あたしはまだ読んだことがないけど、自分が毒虫になっていることに気づいたときの主人公の気持ちは、なんとなくわかるつもりだ。

なぜ「あたし」は「主人公」の気持ちが「わかる」のか

2　創作

「毒虫」に変身した気持ちを表現してみよう

表現にするにあたっての条件

創作文

班で話し合って、気づいたことをメモしよう

発表を聞いて、気づいたことをメモしよう

3 『変身』（カフカ作）を読み、自分の表現と作家の表現とを比べてみよう

カフカの表現の特徴を考えよう

自分の意見

班の意見・全体の意見

『ワニとハブとひょうたん池で』の表現との共通点をみつけよう

4 この授業で学んだこと・感想

講座❸　比喩《メタファー》を使いこなす

詩的な表現って何だろう？

講座❷で示したように、重松は「嘘《うそ》だよね、これ。すがる思いで後ろを振り向くと、アイちゃんは素知らぬ顔で、そっぽを向いた。」に続いて「ニキビが悩みのアイちゃんの頬に触れたあたしのまなざしは、まるでゴミ箱に放られる紙くずみたいに、ぽとりと床に落ちてしまった。」としている（43ページ、引用23〜26行目）。

ここでは〝まなざし〟が主語である。

「ニキビが悩みのアイちゃんにも無視されて、私は目のやり場を失った。」という直接的な表現ではイマイチ伝わらない主人公のこころの動きを、別の言葉に置き換えている。

たのだ。「無視された」と書かないで、その瞬間の驚き、落胆、虚《むな》しさ、そして声にならない悲鳴のすべてを〝紙くずみたいに〟と喩《たと》えて、「ぽとりと床に落ちてしまった。」と表現し

〝詩的な表現〟というのはこういう表現を指す。〝こういう〟が、実際どういう定義なのかは、あとで明らかにするとして、今しばらくは曖昧《あいまい》なままにしておこう。

歌の歌詞にも、このような表現は多く登場する。

時には思い出ゆきの　旅行案内書《ガイドブック》にまかせ
「あの頃《ころ》」という名の駅で下りて「昔通り」を歩く
いつもの喫茶《テラス》には　まだ時の名借《なご》りが少し

さだまさしの名曲『主人公』の出だしの一節だ。

〝思い出ゆきの旅行案内書《ガイドブック》〟や〝「あの頃」という名の駅〟や〝昔通り〟は実際はないはずだけれど、たぶん、学生時代に歩いた懐《なつ》かしい風景の中を歩く私は、別れたあなたとの日々に思いを巡らせているのだろう。

〝昔通り〟は、あなたとよくお茶を飲んだ喫茶《テラス》につうじる通りだが、「昔どおりに、ま

た、あなたとこの道を歩いてみたかった」という私の淡い気持ちを重ね合わせているようにも聴こえる。

これが、「時には思い出にまかせてあの頃の駅で降り、昔あなたと歩いた道を歩くと、そこには、いつもの喫茶店がまだそのままにある」と歌われたら、それほど心が動かないのではないだろうか。

「詩」と「詩的」は違う

講座❷では、「気持ち悪い」といわずに、見たまま、聞いたまま、匂《にお》うまま、事実を刻々と書き連ねて〝気持ち悪さ〟を表現する方法を学んだ。

この講座では、もう少し柔らかく、多様なやり方で自分の感情を表現する技術を学ぼう。

文法的に難しいことを言ってしまえば、修辞法とか、直喩《ちょくゆ》や隠喩を含めた比喩表現ということになるのだろうが、ここではまだ、前項と同様「詩的」ということで大雑把にかこっておく。

通常、国語の授業では、かならず「詩」を学ぶ。

教科書によっては、冒頭にいきなり「詩」が掲載されているものもある。おそらく、人間として「詩的であること」を学んで欲しいという意味ではないかと思う。しかし「詩的であること」を学ぶのに、いきなり「詩」を読みこなせといわれると、かえって食欲がなくなってしまう人も多いのではないだろうか。カラオケに行けば持ち歌の〝歌詞〟に心酔して熱唱するのに、「詩は苦手」という人は多い。

実際、**世の中を生きるのに「詩」はいらないかもしれない。しかし、「詩的」でなくては生きてはいけない。**ここがミソである。

人は、生きていくあらゆる局面で「詩的であること」を試される。

たとえば、傷つけられて悲しい、一人ぼっちで寂しい、無視されて悲しい、というような思いが湧《わ》き起こるようなことがあったとき、どうするか。

言葉にして日記に書いたり、友達にケータイで話したり、メールを送ったり、歌詞にして歌ったり、心の中で叫んでみたり……。人によってさまざまだろうが、そのとき、その感情を〝**言語化（言葉にすること）**〟できるかどうかで、あなたのエネルギーのその後の行く先が決まる。

〝言語化〟されずにウヤムヤなままフラストレーションが溜《た》まっていくと、それは、外に向かう暴力に姿を変えたり、内に向かって体を蝕《むしば》んだりもするだろう。

人が〝言語化〟することで悲しみを乗り越えてゆく例は、葬式の一連の儀式にもよく表れる。大事な人が亡《な》くなった直後の家族に対して、通夜《つや》から告別式にいたるまで、縁のある関係者が詰めかけては声をかける。本来なら放っておいて欲しいところだろうが、声をかけられ故人のことを語らううちに、耐えられない悲しみが若干でも和らいでゆく。〝言語化〟することで、落ち着いてくる。

逆に、自分の感情をうまく〝言語化〟できない幼児は、思い通りにいかないと、足をばたつかせてそのいらだちをアピールする。言うに言われぬ「居場所のなさ」への恐怖心を、暴力に変換せざるを得ない少年たちもいる。〝言語化〟できないから〝キレる〟しかないのだ。

「詩的であること」は、相手の心を動かすホットな技術であるとともに、自分をクールに見つめる技術でもある。

さきほどの葬式の例でも、仏教の場合などは、しまいには故人の人生が何字かの漢字の組みあわせとなって戒名に結晶する。こよなく梅を愛した人だから「梅香院○○大《だい》姉《し》」とか、質素で生真面目《きまじめ》に生きた人だったから「質実院○○信士《しんじ》」とか（通常○○には故人の名前の一字を採ったりする）。

人生のありようが漢字の一文字ずつに表現されるわけだから、戒名は、究極の「詩的表現」と言えるのかもしれない。

みんなで「詩的」なものを探そうゲーム

冒頭に例として示したように、重松流に小説の中で感情を表現できなくても、さだまさし流に流れるようなセリフが編めずとも、あなたにも、さまざまな詩的創作は可能だ。まず、世の中のそこここにあふれている「詩的表現」を拾い集めて眺めてみよう。わざと「詩」そのものは題材としないで、「詩」以外の分野から「詩的表現」を探してみる。

中学校での授業では、第一週と第二週に分けて、2回で「詩的表現」について考えさせた。おおまかな流れは次の通りだ。

【第一週】

①「ニキビが悩みのアイちゃんの頬に触れたあたしのまなざしは、まるでゴミ箱に放られる紙くずみたいに、ぽとりと床に落ちてしまった。」という表現の特徴は何かを考えさせて、ワークシートに記述する。

②いま、流行《はや》っている歌の歌詞から、事実をダイレクトに描いたのとは違う、そうした表現（かりに詩的表現と呼ぶ）を抜き出してみる。

③『ワニハブ』に戻って、すべてのページから（実際にはグループごとにページを割り振って）、そうした表現を探しだすゲームをする。

④最後に、次週までの宿題として、自分の身の回りにある「詩的表現」を集めてみようという課題を出す。

【第二週】

①宿題で拾い集めてきた〝自分の身の回りにある「詩的表現」〟を発表してもらう。この時、授業に参加する大人（保護者や見学者）にも、自分が「詩的」だと思うものをプレゼンしてもらう。なるべく多様な例から本質をつかむためだ。

②生徒たちはその両方を聞いて、「詩的な表現」とは何かを自分で定義し、つぎにグループでディスカッションして、グループで一番いいと思う「表現」をセレクトし、黒板に書いてその理由をプレゼンする。

③再び『ワニハブ』に意識を戻し、自分でも「詩的な表現」を創作してみる。ここで初めて「いじめられ始めた主人公の気持ちを歌詞にしてみよう」と投げ掛ける。当然のことながら「先生！　曲も付けるんですか？」という質問も出たが、「10分間だから作曲する必要はないけど、リズムやメロディが自然に浮かんできてもおかしくないよね」と答えておいた。

身の回りにある「詩的表現」

ではまず、生徒たちが探してきた「詩的表現」を見てみよう。なかには、明らかに首をかしげてしまうものもある。しかし、ここではあえて否定しないでいこう。

題材は、漫画・CM・広告・ポスター・歌詞・小説・標語・旅行雑誌からだ。

【歌詞からの表現】

「私の乾いた地面を雨が打つ」「外はため息さえ凍りついて」「君はいつも僕の薬箱さ」

「祈りも願いもカップへと沈めた」「夢を描いたテストの裏　紙ヒコーキ作って　明日に投げるよ」

【宮沢賢治『銀河鉄道の夜』より】

「河原の小石は、みんな透き通って確かに水晶や黄玉や角から霧のような青白い光を出す鋼玉やらでした。」

【ケータイのコマーシャルから】

「うごいているのは気持ちです」

このへんから、相当あやしくなってくる。

「ひょうたんからコマ」（詩的である理由＝ホントは、瓢箪《ひょうたん》から駒《こま》は出てこないから）

「サンタクロースはトナカイに乗って飛んできた」（詩的である理由＝サンタクロースは飛べないし、実は親だから。でも、ロマンチック！）

何人かの生徒は「ニキビが悩みのアイちゃんの頬に触れたあたしのまなざしは、まるでゴミ箱に放られる紙くずみたいに、ぽとりと床に落ちてしまった。」という表現に対して、先生が「現実にはないことで、やさしく表現してるよね」と言ったことに少なからず影響されたようだ。

つまり、「詩的表現」＝「現実にはないことだが、何かを伝えるために、人にわかりやすく表現する方法だ」と解釈された結果、〝瓢箪から駒〟や〝サンタクロース〟の登場とあいなったわけだ。

しかし、これも、あながち間違っているとはいえない。

これに対して、大人たちが集めてきたものは、次のようなものだ。授業に参加した大人たちの言葉づかいもそのままにレポートする。

「一夏中かけて、僕と鼠はまるで何かに取り憑かれたように25メートル・プール一杯分ばかりのビールを飲み干し、『ジェイズ・バー』の床いっぱいに5センチの厚さにピーナツの殻をまきちらした。そしてそれは、そうでもしなければ生き残れないくらい退屈な夏であった。」（村上春樹《はるき》『風の歌を聴け』講談社より）

これは、〝退屈な夏〟というのを強調したいために、ビールを飲んだ有り様を大げさに表現した例ですね。

次は椎名誠《しいなまこと》さん。「細長い国というのも困ったもので、南米大陸のシッポのあたりにべたっとへばりついているチリという国は、南北に四千二百七十キロもある。幅は広いところでも三百五十五キロしかないから、まるで川みたいな国なのだ。」（『でか足国探検記』新潮社より）

椎名さんの間接的表現はとってもユニークで面白い。しかもこれは、**講座❶**で習った書き出しの部分でもあります。

なんだか乱暴な言い方をしてるけど、チリの地形をすごくよく表しているでしょう。「べたっと」「まるで川みたいな国」っていうのは簡単な表現だけど、実にうまく細長い地形を語っている。「細長い国は困ったもので」というのは、何が困ったかわからないところに椎名さん的な面白さがあるんですけど。

私は主婦の感覚を生かして、コンビニに行って、「詩的な」ポテトチップスと「詩的でない」ポテトチップスを買ってきました。（笑）

両方ともカルビーの製品ですが、「うすしお味」の裏には「伯方《はかた》の塩でシンプルな味わいに仕上げました。じゃがいものおいしさが引き立つポテトチップスの代表格です。」とあります。対して、「さやえんどう」のパッケージの裏にはこうあります。

「夏はやっぱりさやえんどう
夜空に花火がはじければ
パパはビール、僕はジュースで乾杯だ！
キューと飲み干し
さやえんどうをサクサクサクッ。」

最初のは、機能（料理法）を直接的に記述しているだけですが、次のは、これを食べる家族のシーンを表現しているんですね。

もう1つ、ついでに買ってきたんですが、こんな例もあります。カレーなんですが、まず「軽い口当たり　すっきりとした風味のチキンカレー」。

それに対して、見てください！　これ。「鳥肌の立つカレー　チキンカレー」（大爆笑）。

これなんかは、ネーミングからして、すでに詩的ですね。

今日の新聞には、こんな広告コピーが載ってました。皆さんは気づいたかなあ。
「〈生〉タイソン。見なきゃソン。」（WOWOW）「のっぽの家。」（セキスイハイム）
「歓声か、悲鳴か。世界の言葉はふたつになる。」（AYAYA）
そして最後に、同じ日の朝日新聞の「折々のうた」（大岡信）には、こんな和歌が載せられていました。
「向きあひて朝の卵を割りしこと
小鉢の音のかちあひしこと」（春日真木子《かすがまきこ》『黒衣《くろご》の虹《にじ》』［平11］所収）
どうでしょうか？
たぶん、長年連れ添った夫が亡《な》くなったあとの妻の歌ですね。大岡信さんは「だから相手が死んで何年たっても、その人を思えば、向かい合って朝の卵を割ったことと一つが、このような一人のみ知る嘆きとして蘇《よみがえ》る。」と解説しています。

生徒たちは「詩的」をどう定義したか

生徒たちは、このあと「詩的な表現とは何か」をグループ討議し、結果を黒板に記述した。

「実際にはないことを、たとえを使って、強く、わかりやすく、よりいっそう気をひかせる表現」

「意味がわからなくても、感覚的に自分の心に響いてきて、人生を変えるかもしれない表現」

「自分の思ったイメージを自然に伝えられる表現」

「〝なにか〟を言うときに、〝なにか〟を直接言うのではなく、遠まわしに言うことで、よりわかりやすく、しかも、深みを持たせ、そうすることで、人をひきつけるもの」

「一番強調したいことをおもしろくして、感覚的に自分の心に響く表現。非現実的でも、ぐっと濃いって感じ」

「本当にはありえないのに、いろいろなイメージがわき、人の心をつかむもの」

　グループで出した答えが、そのまま「詩的表現」（正確には比喩）になっているものまであった。

「〝炊き込みご飯〟のようなもの。（いろいろなものが混ざっていて1つの味のあるものになっている）」（場内大笑い）

　ここには、すでにキーワードが出そろっている。

　ちなみに、『広辞苑《こうじえん》』（新村出《しんむらいずる》編第五版・岩波書店）には、こうある。

「詩的＝詩の趣があるさま。詩のように美しいさま。反義語は散文的。」

ついでに、「隠喩法」については「ある物を別の物にたとえる語法一般。たとえを用いながら、表現面にはその形式（「如《ごと》し」「ようだ」等）を出さない方法。複数の物を内的・外的属性の類似によって同一化する技法。」とある。

どちらが気に入るかは好みによるだろうが、私は、生徒たちの〝ぐっと濃いって感じ〟も〝炊き込みご飯〟も気に入っている。

心の動きを表現する技術で、「現実のこと」を「現実にはないもの（の組みあわせ）」で表現することで、「現実」より「現実感」を持たせてしまう表現のこと。と、私自身は考える。

「遠回しのリアル」である。

いじめられ始めた主人公の気持ちを歌詞にする

さて、いよいよ詩作に入ろう。

「詩的」とは何かをひたすら考え続けた後に、「いじめられ始めた主人公の気持ち」を歌詞にしてみるのである。制限時間は10分。どんな作品になったたか。

まずは、ストーリーを忠実に追った現実的なもの。

「みんなが私をゴミ扱い　みんなが私をいじめるの　朝の教室に入ってみると　昨日までの私がいない　みんなのやさしい心もいない　どうして私と尋ねても　誰《だれ》も答えてくれはしない」

「いっしょに帰ろうよ　もう聞けない　いっしょに遊ぼうよ　もう言われない　使いあきた消しゴムのように　私は　教室のごみ箱に　あっけなく　捨てられた……捨てられた」

「はっ？　えっ？　なんで？　どうして？　何が起こったの？　私……もしかしていじめられてる？　なんかなんか変だった。私の『おはよう』が教室の中をさまよう。私はムシ」

　比喩へのチャレンジも始まった。

「みんながあたしのことアリンコだと思ってる。花のように笑いながら、ライオンのように踏みつぶす」

「ドーン、ドーン。針のような波が私の心に打ち寄せる。自分の鏡の中に入って、思いをはき捨てる」

「広い道路の真ん中に私がたった一人　みんなは私の側《そば》を通りすぎていくだけ……だれか助けて、なにもしないから、私は無害だから」

「よく物語にでてくるような深い落とし穴に足を踏み入れていた。 私は穴から見上げてる。 夜 トイレに行くときに通る ろうかみたいな 暗い穴の底から」

「一人のから（殻）にきゅうくつ（窮屈）に押しこめられて 息を思いきり吸い込んでも 吐き出せないまま 毎日を消化している」

「いつも笑い声であふれてた教室に どんよりした雨雲が入ってきた。 心の遠く深くでなにかがすごく苦しい。 メロスがだく（濁）流を泳ぎきって、山ぞく（賊）と戦ったあとのような息苦しさとは違う」

これは通常の国語教科で習っている『走れメロス』を引用してきたものだ。

書き上げた後から、**講座❷**でやったように、最初をカットした生徒もいる。

「私の何がいけないんですかなんて聞きたくない。きっとみんな楽しんでいるだけなんだ。」というリード部分を後からカットして、「その時から私は、真っ暗な闇《やみ》に突き落とされた。」といきなり始めることにしたのだ。

逆に、1行目をカットすることでもっとよくなるのにと思う生徒の作品もある。

「どうして私だけ 朝起きたらもう一人だった」は、「朝起きたらもう一人だった」と始めたほうがインパクトがあるだろう。さらに生徒の作品。

「私のクイズに答えてよ。どうしてみんな色があるの？ どうして私だけ真っ白なの？

誰か私に色をつけて。クレヨンでも、サインペンでも、何でもいいの。何色でもいいから」

「私はどんどん追いつめられていく。　だれか　あたしを　殺してください　あたしを殺してください」

激しくフィニッシュするものもある。

「ひえきった空気の中で　私はただ座っている　みんなのざわめきが遠くにあるようでそれでいて　私の耳に突き刺さる　私は　私の冷えきったカラダを　もてあます」

「晴れ渡っていた空に　突然のにわか雨　雨宿りする場所すら見つからなくて　開いた傘に降り注ぐ　涙のつぶは儚《はかな》くて　水たまりになる前に　どこかへ消えた」

これは完全に歌詞になっている。曲を付ければすぐにでも歌い出せそうだ。

現実を詩的に表現するだけでなく、目の前で起こることどもを詩的に解釈して、そのときどきの生活を楽しめる人は幸福である。

実社会でも、リーダーシップのあるビジネスマンには、「比喩《メタフアー》」つまり「たとえ話」が上手《うま》い人が多い。

「キャ」「ハ」「ハ」

最後にもう一度『ワニハブ』に戻って、今度は、別の詩的な表現を見てみよう。


うんざりした気分で部屋に戻ると、お母さんが戸口に立っていた。なにか言いたそうな顔をしている。違う、言いたいんじゃなくて、訊《き》きたいんだ。

あたしは、「今日捕まっちゃうかもね」と笑いながら言った。

お母さんは笑い返さない。

「ミキちゃん」声が震えていた。「最近、遊びに行かなくなったんだね」

「まあね」と、あたしの声はふだんどおりだったはずだ。ずっと練習してきたんだから。

「学校、おもしろい？」

「うん」

「塾は？」

「おんなじ。休んだりしてないでしょ？　ちゃんと行ってるでしょ？　塾なんて遊びに行くんじゃないんだから、おもしろいもつまんないも関係ないじゃん」

あたしはあくび交じりに伸びをして、首をぐるぐる回した。それから……どうするんだったっけ……。何度も練習しておいたのに、お母さんの視線に射すくめられて、その次の仕草を忘れてしまった。

お母さんの後ろに、お父さんもいた。お母さんと同じようなまなざしを、あたしにぶつけている。怖い顔。でも、怒っているんじゃない。どうしていいのかわからなくて、少しいらいらしながら、あたしをにらんでいる。

「あなたは、いいから、あっちで……」

お母さんが振り向いて早口に言いかけたら、それが逆にふんぎりをつけさせたのか、お父さんはお母さんを脇に押しやって部屋に入ってきた。手に白い封筒を持っていた。「今朝、郵便受けに入ってた」と感情を必死にこらえているのがわかる、上ずっていながら平べったい声で言うのと同時に、封筒が小刻みに震えはじめた。

「なに？　それ」

あたしは、きょとんとした顔で訊いた。「きょとん」と、心の中でつぶやいた。「なに？」の「に」を息を詰めて、がんばれ、と持ち上げた。

お父さんは黙って、封筒をあたしに差し出した。封筒じゃなかった。それは、白と黒の水引のついた、おくやみ用のノシ袋だった。

『御霊前　二年B組一同』

中にはなにも入っていない。それを確かめる仕草にも無邪気な好奇心をにじませたつもりだけど、両親には伝わらなかっただろう。

「ミキちゃん、明日いっしょに先生に相談しよう？　ね？　お母さん、ちゃんと先生にお願いしてあげるから。ね？　先生に言わないと、こういうね、ひどいイタズラなんて……

ね？　明日……いまから電話しようか？　先生、今日、家にいるわよね？」

お母さんはドア枠に抱きつくような格好で、泣きながら言った。

あたしは袋を机に置き、ベッドの縁に腰掛けて、「違うの」と言った。「これ、遊びだから、ゲームなんだから」

「だって、ミキちゃん……」

「流行《はや》ってんのよ、わけのわかんない遊び。ホナミよ、きっと。あのコが、ゆうべ、これ入れてったのよ。まいっちゃうなあ。ま、あたしも別のコのカバンの中におんなじの入れといたんだけどね。聞いたことない？　香典ごっこって。けっこう流行ってんのよ。しょうがないなあ、遊びでびっくりしちゃって」

あたしはベッドに仰向けに寝転がって、キャハハハッと、「キャ」「ハ」「ハ」の文字を思い浮かべながら笑った。台本のト書きには、きっとこう書いてある。明るく、元気に、屈託なく。

お母さんは洟《はな》をすすりあげながら、あたしの顔を上から覗《のぞ》き込もうとした。それを、今度はお父さんが押しとどめる。

「ミキ」

「なに？」

お父さんは、お母さんの肩を抱いて言った。

「なにかあったら、いつでもいいからお父さんかお母さんに……」

つづく言葉を呑《の》み込んだ。まるで、ここから先は言わせないでくれ、と訴えるように。

あたしは、息を大きく吸い込んで、天井を見つめたまま言った。

「はーい」

ベッドのスプリングがたわんで、ネズミが鳴くような音をたててきしんだ。

動揺しちゃだめだ、と自分に言い聞かせた。うろたえたり、悲しんだり、怒ったりしたら、奴《やつ》らの思うツボだ。知らん顔。落ち着いて、無視。駅の雑踏を歩くときのように、なんの感情もない顔つきで過ごすんだ。

仲良くしようなんて思うから、つらくなる。同級生とは仲良くするのがあたりまえ？　そんなの嘘《うそ》だ。たまたま同じクラスになったっていうだけの、奴らは赤の他人なんだから。赤の他人が話しかけてこないのはあたりまえ。すれ違うときに目をそらすのは当然。意地悪だってしてくるよ、赤の他人なんだから。かばってくれるわけないじゃん、赤の他人を。

授業中も、休憩時間も、放課後も、あたしはずっと左胸に掌《てのひら》をあてて過ごした。だいじょうぶ、心臓はちゃんと動いてる。あたしは死んだりしない。自殺なんか、ぜったいにするもんか。生きていくっていうのは、つらいんだから。そうだよ、楽しいわけないんだ。いままでの生活のほうがおかしかったんだ。赤の他人に囲まれてるんだもん、つらくないわけがないんだから。

こんなかんたんな理屈に、どうしてみんな気づかないんだろう。

42〜44行目に、こうある。「あたしはベッドに仰向けに寝転がって、キャハハハッと、『キャ』『ハ』『ハ』の文字を思い浮かべながら笑った。台本のト書きには、きっとこう書いてある。明るく、元気に、屈託なく。」

「キャ」「ハ」「ハ」の文字を思い浮かべながら笑った——この表現は、この後出てくる56〜58行目の「動揺しちゃだめだ、と自分に言い聞かせた。うろたえたり、悲しんだり、怒ったりしたら、奴《やつ》らの思うツボだ。知らん顔。落ち着いて、無視。駅の雑踏を歩くときのように、なんの感情もない顔つきで過ごすんだ。」に滲《にじ》んでいる主人公の追いつめられた状況につながってゆく。

家庭の中では、学校でハブられていることを徹底的にごまかしてきた主人公が、もはや限界に近づいている緊張感が見て取れる。

そして、あいつらなんて関係ないジャンと居直ってしまおうとする、あたしがいる。

なぜ、居直るのか？

あたしにとって、プライドの危機なのだ。

次の講座では世の中のあちこちに見え隠れして、時に私たちの人生を盛り上げたり狂わせたりする小悪魔——「プライド」を、重松清とともに解体しよう。

講座❸のテーマ　詩的な表現

1　「詩的な表現」とは何か

ニキビが悩みのアイちゃんの頬に触れたあたしのまなざしは、まるでゴミ箱に放られる紙くずみたいに、ぽとりと床に落ちてしまった。

この表現の特徴は何か

身近にこのような表現がよく使われるものはあるか

2　自分の好きなマンガ・CM・歌詞・小説から「詩的表現」を抜き出して紹介しよう（言葉や文字の表現に限る）

3　『ワニとハブとひょうたん池で』の中から「詩的な表現」を抜き出してみよう

右にあげた表現を抜き出した理由は何か

4　他の人が抜き出した表現で、気になったものをメモしよう

5
「詩的な表現」とは何かを改めてまとめてみよう

6
『ワニとハブとひょうたん池で』の冒頭部分で、「ハブ」にされた主人公の気持ちを歌詞にしてみよう

ここに気をつけて書こう！

7
この授業で学んだこと・感想

講座❹　言葉の奥行きに迫る

「あたしにだってプライドがある」

「プライドのために自ら命を絶つ人がいる」

「プライドのために人を殺《あや》める人もいる」

人生に、なんとも不思議に、狂おしく絡《から》みついてくるもの——それが、プライド。

もし、あなたが安易に『広辞苑』をひけば、そこにはこうある。

「誇り。自尊心。自負心。矜持《きょうじ》。」

ちなみに前後は「ブライド（花嫁）」と「フライド－チキン」だ。さらに『現代用語の基礎知識2002』をひもとけば、「K－1と並んで新ブームをよんでいる格闘技イベント。第1回の興行は1997（平成9）年10月、東京ドームで行われた。――」

……アレッ？　となる。

さて、『ワニハブ』の主人公「あたし」も、やはりプライドを賭《か》けている。文中から拾ってみよう。

ちょっと待ってよ、なんであたしがハブられなきゃいけないのよ。理由を教えてよ。あたしに悪いところがあったら直すから。

なんて、訊《き》けるわけない。あたしにだってプライドがある。机の上に置いた自分の手の甲を無表情に見つめる。それがせいいっぱいだった。

＊

あたしはなにも悪いことなんてしてない。誰かを裏切ったり、誰かに意地悪したり、誰かにつらい思いをさせたことなんて、まったくない。

そこが悔しい。悲しいんじゃなくて悔しいんだ、と思いたい。

＊

……つまらない期待をしてしまった自分が情けなくなり、自分にまで情けなく思われてしまう自分が大嫌いになった。だけど、あたしはあたしをハブれない。あたしにハブられたら、あたしが終わる。

こうして「あたし」は〝ハブ（村八分）〟という強烈なイジメを受けている自分を両親に悟られないように、家庭内で無理な振る舞いを続けていく。

夏休みに入ってから、ずっと家に閉じこもりきりだったのを「七月のうちに宿題やっちゃいたいから」とごまかし、差出人のない悪質な手紙が届くのを「友達と文通ごっこしてるんだよ」とごまかし、不眠症に陥り食欲もなくなっていくのを「夏バテしちゃった」とごまかし続けるのだ。

9月に入ると、学校でまったく会話ができない分、家ではやたら陽気なおしゃべりになる。両親に恋人時代の話をせがんだり、「あたしね、ほんとはね、昔ね」と子供時代のイタズラを意味もなくザンゲしたり、「お父さん、ギター教えてよ」と突如としてせがんだり、「今度、ケーキ焼こうよ。いろんなの、教えて」と母におねだりしたり——。

沈黙が怖い。

しかし、その涙ぐましいほどの努力は、『御霊前　二年B組一同』のおくやみ用のノシ袋がポストに投函《とうかん》されるに及んで限界を超え、結局は両親にバレてしまう。

バレるちょっと前の母親の態度は注目に値する。不自然なおしゃべりやおねだりを続ける娘に対して、母親がこんな態度を見せているからだ。

でも、お母さんの反応はお父さんとは違った。なにも答えず、じっとあたしを見つめた。「どうしたの?」と訊くと、黙って目をそらした。たぶん、先に目をそらしてくれたんだと、思う。

それでもまだ、「あたし」は、強がりつづける。プライドに賭けて。

「プライド」という言葉の意味について考えてみる

今回の講座は、「プライド」という言葉の意味に、徹底してこだわってみる。

誰でも気安く口にしたときには、**わかっているつもりの言葉の意味を、いったん解体し、後に再構成してみるのだ。そうすることで、1つの言葉のもつ意味の奥行きと幅を知る。決めつけて、通り過ぎていた「思い込み」の現場を検証するのである。**

①まず、全文を通して「あたし」のプライドに関《かか》わる記述を抜き出し、主人公にとっての「プライド」とは何かを考える。

生徒たちは、「プライド」とは何だろう、という問いかけに最初、次のように答えた。

●自分に対して持っている自信や誇り。

●自分が考える自分。
●ほこり。他人からの自分の見られ方。
●くずされるとくやしいもの。
●自分が存在するのに必要だと思われるもの。
●自分がえらいと思うあまりに大切にしすぎた無意味な自信。
●自分をえらいと思う気持ち。
●自分の意地。誰にもゆずれないもの。
●さびしさの裏返し。
●情けないことはできないという考え。
●他人に干渉されたくない、という心。
●自分の「負け」を自分で認めないこと。
●自分の中の最高基準。自分の認めている他人に負けまいとする部分。
●自分の、曲げたくない部分。

ここは、物語の主人公、つまり第三者の話である。だから答えやすいだろう。
②次に、自分自身の「プライド」について考えてみる。
あなたは、どんなときに「プライド」が満たされますか？　そして、どんなときに

「プライド」が崩されたように感じますか？

生徒たちの答えは以下のとおり。

どんなときに「プライド」が満たされるか。

●授業中に先生に指されて答えたら合っていたとき。
●誰かに何かで勝ったとき。
●自分の得意なことを、ほめてもらえたとき。
●友達にメールで大親友♡って言ってもらえたとき。
●1人だけ答えがわかったりしたとき。
●自分の得意な話題で話の内容がわかるとき。

どんなときに「プライド」が崩されたように感じるか。

●自分をけなされたとき。
●姉妹ゲンカで親が割り込んで妹のかたをもたれたとき。
●自分の意見を誰も聞いてくれないとき。
●今まではテストで平均点以上をとれてたのに平均点以下になったとき。
●姉に「あんたのせいで計画通りに進まないのよ」と言われたとき。
●私は人の文句や悪口はあまり言わないほうだというプライドがあるが、たまに気づくと友達と一緒に言っていたりするとき。
●お母さんと言いあいになり、逆らっていたら、結局自分が悪かったとき。

③そのことを踏まえて、自分自身の例から「プライド」を定義する。
ここまでの準備運動を終えてから、自分の言葉で「プライド」とは何かをもう一度語ってみてくださいと問いかける。するといろんな面白い答えが返ってきた。

読者が頭の中で、あるいは紙に書き記して、自分の定義を示すための参考に、再び生徒たちの例を載せよう。

●ズバリ、自分そのもの。
確かにこれだけ「自分」のオンパレードが出そろうと、こうも言いたくなる気持ちはわかる。
●自分のことをけなされたときやショックを受けたときに崩れ、嬉《うれ》しいときや自慢できることが受けいれられたときに満たされるもの。
これは、直前にある2つの問いかけを双方上手《うま》く使って整理したわかりやすい定義。
その他の例。
●自分の中にある弱い部分をかくそうとするあまりに自分を守ろうとする無意味な自信。

●自分の中でだれかに見せつけられるようないいところ。
●恥ずかしいことをするのは嫌だという考え。相手に認めさせたい想《おも》い。
●自分が一番守るべきもの。
●自分の曲げたくないこと。

しかし、生徒の中には、辞書にそのまま登場しても自然に見えるほど、的を射た表現をクリエイトした子も出現した。

●最後に自分を守れるもの。カベみたいなもの。
●自分の中で、『これだけはできないといけない』と思うこと。
●自分自身の中心に立っているもの。

さて、あなたは、自分自身の「プライド」をどう定義しましたか?

「中学生にプライドは必要か」重松清も参加のディベート大会

今回の講座は、『ワニハブ』を使っての最終回。授業では、著者の重松清がゲストとして登場した。

この日の後半は、「中学生にプライドは必要か」のディベート。『ワニハブ』の主人公「あたし」の〝第三者〟的分析から入って、自分自身の〝個別性〟のあるプライドをチェックし、最後に「中学生にとって」として再び〝一般化〟を行うのが目的である。

これに途中から重松が加わった。ここからは実況中継でお届けしよう。

プライドは「意地」か「個性」か

神谷先生（以下神谷）　今までやったことを踏まえて、「プライドは中学生に必要か不必要か」を自分で決めて、ワークシートの「必要・不必要」どちらかに○印をしてください。それから、3分くらいで理由を書いて下さい。それを元にして、クラスを分けて討論をやってみようと思います。

生徒　中学生に限定して？

藤原　そう、少し一般化しているんですね。「私に必要か」じゃなくて、「中学生に必要か」って。あっ、もし、男には必要で女には必要じゃないとか限定条件があったら、そういうふうに書いてください。

（教室内を回って）見たところ、「必要じゃない」は少数派のようですね。少数派を大事にしたいと思いますが……ウーンふたりぐらいかな、ざっと見て。

神谷　討論するときには、理由の方が大事になるわけですから、そこはしっかり書いておいてね。

藤原　（生徒のワークシートへの記入を見て）あー、いい視点だなあ。「必要とか必要じゃないとかいう問題じゃないんじゃないか」という問いかけですね。

神谷　さあ、それじゃあワークシートと鉛筆１本だけ持って、机を動かしちゃいましょう。机を左右に寄せて、椅子《いす》だけ残して中央で向かい合いましょう。

——結局、「必要ない」派（以下、不要派）は６人だけ。30人以上が「必要」派（以下、必要派）に回ったため、不要派を藤原が応援することにした。

神谷　では、まず、自分の意見は言っておきたい、という人は手を挙げて。

必要派　えっと、私の中でのプライドは、「これだけはできないといけないと思うこと」なので、そういうものがないと、中学生は成長できないと思います。

藤原　なるほど。

生徒たち　おー！（教室中が湧いて拍手）

藤原　いきなり拍手が湧きましたっ。えっ？「必要ない」派も拍手しちゃってんの？　まずいじゃない。（場内爆笑）

神谷　今の「プライドっていうのは、こういうものだから、これがないと成長できない」という言い方はわかりやすいですね。反論ありますか？

藤原　よし、不要派、さあ言ってやれ！

——戸惑う生徒。

不要派　（やっと立ち上がって）誰かに言われて持つものではないと思います。

藤原　うわぁ、すばらしい！（拍手）

神谷　他にありますか？

——しばらく、誰も発言しない。

藤原　あっ、もう「必要派」は負けたみたいよ。

必要派の生徒たち　違う違う！（大騒ぎ）

必要派　はい！　ええと、プライドとは「相手に認めさせたい自分の中の誰にもゆずれないもの」で、中学生になればみんなと同じで、より

自分だけのものがほしくなると思います。仮にプライドがないと誰々さんと同じでいいやと思って、自分の意見がなくなるような気がして心配です。

神谷　今の話には、中学生についての説明も入っていましたね。反論ありますか？

藤原　こっち（不要派）は少ないからさ、ひとりひとりどんどん発言しようぜ、せっかくだから。

不要派　え〜、でも、図星かもしれないじゃん……。

藤原　あのね、そういうときには「その点については図星かもしれませんが、しかしこういう点についてはどうですか？」っていう風に聞きかえすこともできるんだよ。

不要派　えっと、自分だけのものがあるってのもいいけど、譲れないっていう意地みたいなものによって、友達関係とかもダメになっちゃうときもあるから、あんまりよくないと思います。

神谷　「意地みたいなもの」っていう話がありましたけど、「意地みたいなもの」と定義しちゃっていいんですか？　プライドってなんですか？　もう一回定義に戻って考えて、反論あるかな？

必要派　意地じゃないんですよ！

藤原　お、プライドは意地ではない？

神谷　じゃ、なんだ？

必要派　自分の……。

藤原　立って堂々と発言してみてね。

必要派　自分の、自分の……。（立ったまま、つまってしまう）

神谷　チームの人、誰か助けてあげよう。

必要派　えっと、確かに意地みたいなものなのかもしれないけど、プライドっていうか、意地みたいなものがなさすぎると、他人に流される人になってしまうと思います。

必要派の生徒たち　おー！（拍手）

不要派　なんか、まけそうだな。（つぶやきが漏れる）

不要派　プライドと個性は違うと思います。だから流されることはプライドではなくて個性の問題だと思います。

藤原　要するに、あなたたち必要派が今まで言っていたことは、「プライド」ではなくて、「個性」の話じゃないかと。たしかに個性の話なら、個性がないと流されるかもしれないけど、それはプライドではないんじゃないかということですね。

神谷　すでにいろんな意見が出てきましたね。「意地」、「個性」。これに対して、「流される・流されない」。もう少し具体的な場面を含めて考えてみてくださいね。具体的な場面で、それはプライドかどうかを考えてみてほしいんです。

プライドは「自信」か「才能」か

必要派　そっち（不要派）が言うプライドはな

んなんですか？

藤原　おっ！　すばらしい。反撃してきたぞ。不要派は、必要派が言っているのは「個性」なんじゃないかといいました。じゃあ、あなたたちが言う「プライド」とは一体何なんですか？と聞いてきたわけだ。

不要派　プライドは、たぶん人それぞれ違うと思うけど、絶対譲れない部分であったり、最も褒めてもらいたい部分であったり、自分の好きな部分であったりとか、ほんとにいろいろだと思うんです。でも、私が思うに、プライドがあるから優しくなれないんじゃないかなって。最初からなければいいってくらい思ってて……。

藤原　プライドがじゃましてしまうってことね。

神谷　プライドがあると優しくなれない。そんなものはいらない――と。

不要派　そう、だから最初からなければ、イジメとかケンカとかそういうものもなかったかなと思う。（拍手）

神谷　それがあると優しくなれない。じゃあ、結局プライドって何？　ってことにまた話がいきますね。もう少し違う定義をした人いますか？

不要派　プライドは絶対譲れないと思うことで、でも、中学生の時はまだ誇りを持てることが少ないと思うし、大人になってだんだんと持つようになるものだと思うから、中学生のうちはまだいらないと思う。

藤原　発展段階説できましたね。

必要派　でも、中学生でもプライドがないと自分がランクアップしていかないから、やっぱ大人になれないと思う。

藤原　にわとりが先か卵が先かですね、これは。

必要派　大人になったときにあんまりプライドが強かったら、社会で生きていけないんじゃないかなって思う。あんまりプライドばっかりついちゃうと。

神谷　そうすると、中学生の時はあったほうがいいけど、大人になったらないほうがいいと。

藤原 ああ、さっきと逆なんだね。だんだんなくなっていくほうがいいと。

必要派 我慢しないとね、大人なんだから。

藤原 でも、なんか、それ、社会人としてはさびしいな。（場内爆笑）

必要派 中学生のうちは自慢できるものが少ないかもしれないけど、そういうものこそ大切にしていったほうが、逆に、いい大人になると思う。

必要派 私が定義したのは、プライド＝自信みたいなもの、です。いろんな場合があると思うけど、たとえば「私は計算が得意」とか、「私はこの顔に自信があるわ」とか。

自分が自信を持てると思ったら、もっともっと強く自信が持てて工夫なり勉強なりいろいろできると思う。だから、いらないなんてはずない。自分を本当のところで支えるものだと思います。

神谷 プライドは「自信」だ、ということですね。

――不要派が形勢不利の気配を見せる、そこで藤原が助《すけ》っ人《と》に入る。

藤原 しかし、それを言うなら「才能」という言葉ではないですか？ それは「プライド」でしょうか？ 持ち味ともいえるかなあ。もう一度聞きましょう。失礼ですが、今おっしゃったのは「才能」のことではないですか？

必要派 はい！（と、すかさず手を挙げる）。じゃあ、藤原さんのプライドはなんですか？

藤原 ウッ！ さだまさしに似てることではないですし……そうだね、いい質問だね。困っちゃうね……。（予想外の逆襲に戸惑いながら、大人の意地を見せなければと焦《あせ》る……これもプライドか？）

そうだなあ（と時間を稼ぎながら）……真面目《まじめ》に言っていい？

僕の場合は、組織によりかからずに新しいものを常につくり出していくという態度、みたいなものかな。

必要派　藤原さんはプライドは必要じゃないと考えているんですよね。

藤原　あっ！　ちょっと立場が悪くなってきました。このへんで特別ゲストを呼びましょうか？

神谷　実は、さっきからいらっしゃってたんです、後ろに。

生徒　エーッ！　やっぱりね！

生徒　あと15分しかないよ。（とクールな指摘も）

藤原　ではお呼びしましょう、重松さんです。どうぞ！（割れんばかりの拍手）

重松登場！
プライドを他の言葉で置き換えていく

重松　こういう場で作家らしく見えないとかって笑われたりすると、一番ボクのプライドが傷つけられるわけですけど。（笑）

せっかくですから、藤原さんをいじめてみましょうか。今のね、組織によりかからない生き方ね、それって「アピールポイント」とは違うんですか？

藤原　そうだな。でも「アピールポイント」という場合、他人をすごく意識して言っているこ とになりますね。僕が言っているのは、むしろ自分自身を鼓舞する方向です。新しいものがつくれなくなったらヤバイぜっていう、自分自身へ向けてのメッセージじゃないのかなあ。

重松 ほらね、大人にもホントは、はっきりと正解がわかってるわけじゃない。っていうのは、今の藤原さんの話も、それって今度は「モットー」とはちがうんですかって聞きたくなるでしょ。「モットー」と「プライド」は違うのか。

藤原 うーん、そうか。そうかもしれない……。

重松 「ポリシー」と「プライド」とは違うのかとか、いっぱいあると思うんだよね。

でね、なんで今日ボクがここに立っているかって言うと、『ワニとハブとひょうたん池で』の中では、皆さんに読んでもらったように「あたしにだってプライドがある」って表現があるんですが……これはね、ホントはね、ボクとしてもヤバイかなっと思いながら使ったんだよね。

もしかしたら、もっとふさわしい言い方があるんじゃあないか。イジメにあってるのを親や先生に言わない「あたし」の心理を表現するのに、ホントはプライドじゃない別の言葉があるんじゃないだろうか。

その不安をずっと持ちながら今にいたってるわけなんです。

ボクはね、プライドっていうのは、もちろんあっていいと思うんですけど、でも、ボクも含めてみなさんの考えているプライドっていうのが、どれもバラバラじゃないのかなって考えてるんですね。さっきの議論を見てても、意地だったり、自信だったりって。

で、ちょっと質問なんですが。とくにプライドが必要だという人に。

「○○さんはプライドが高いから」って言った場合、それってはたして褒め言葉なんですか？褒め言葉だと思う人、手を挙げて。

——誰も手を挙げない。

じゃあ、あんまりよくない意味で、批判的ニュアンスがあると思う人、手を挙げて下さい。

――ほぼ全員挙げる。

そう、不思議だよね。中学生にプライドが必要だって言ったんだけど、プライドが高いって言っちゃうと、何か悪いイメージになっちゃうじゃない。

それ、なんでなのかなあ？

この矛盾を、君たちの中では、どんなふうに説明してもらえるんだろう。

プライドが必要なんだけど、プライドが高いのは良くないのはなぜ？

生徒　プライドが高いとか、表に出しすぎているのはだめだけど、自分の中で守っているのはいい。

重松　うん。ということは、プライドってのは、外に出したり、自分の中でひそかに思ったりするものなの？

生徒　いや、外にはあんまり出してはいけない。

重松　出しすぎの場面を具体的に教えて欲しいんだけど、どういうときに「あ、この人はプライドいっぱい出しすぎてる」って思うの？

みなさんも、思いつくままでいいから挙げてみて。

生徒　「バカな人とは遊ばない」とか言う人。

藤原　そういう態度が見え見えの子のことをいっているのね。

重松　ということは、そういう場面では、そのプライドは別の表現ではどう言える？

「バカな子とは遊ばない」ってのは、プライドじゃない別の言葉だったら？

生徒　自信過剰《かじょう》？

重松　うん、そうだね。たとえば「差別」かもしんないし「傲慢《ごうまん》」かもしんないよな。ほかにないかな？　プライド出しすぎだよって思う瞬間。

生徒　いろんな人が意見を言っているのに、自分はこれだってかたくなにつっぱる人。

重松　うん、そういう人いるなあ。そういう場合は、プライドをなんと言い換えればいいかなあ?

みんなが話し合っているときに、自分はこれだって言い張ってヒンシュクを買うんだけど、「自分にはプライドがあるもん」ってそいつが言ったら、きみたちだったら「え、それちがうんじゃない」とか「それって○○なんじゃない?」って言うわけでしょ。そんなとき、なんて言う?

生徒 自己チュー。

藤原 出た! 遂《つい》に「自己チュー」か。(笑)

重松 そうだね、ほかには?

生徒 わがまま。

生徒 傲慢。

生徒 がんこ。

重松 で、今のでさ、「自己チュー」ってのがあった。それから「がんこ」っていうのがあった。しかしね、さっきのディベートのなかであった「人に流されたくない」って、一歩間違ったら自己チューなんだよねえ。そうでしょ。そうなると、プライドを持って人に流されないというのと、自己チューの境界線はなんになるの?

生徒 それは自分自身で判断して抑制するものだと思う。わがままっていうのを抑えながらも、自分自身を保つ。

重松 それ、周りの人にわがままと言われないようにするの? それとも、周りと関係なしに自分で決めるの? どっちなんだろう?

生徒 周りを見て。

重松 なるほどね。じゃ、ほかになにかないかな。「自己チュー」と「プライドを持っている人」の境界線はどこにある?

藤原 隣同士でつぶやいている人も、もっと大きな声で言ってみて、せっかくだから。間違ってもいいよ。正解なんてないんだから。

生徒 自分のことを周りの人が自己チューと教えてくれるわけじゃないし、それに、自分が自己チューじゃないと思っているとしても、周りの人にとってはそれが自己チューだったりするから……。

重松　じゃあ、こういう質問だったらどうですか？　今、2つに分かれてディベートをした。最初はプライド「必要派」「不要派」だったんだよね。

人の話を聞いて、やっぱりこっちへ行こうかな、と自分の意見を変えちゃうこと、これは、プライドあり？　プライドなし？　関係ない？

——ほぼ全員が、関係ない、と答える。

遂に、作家から宿題が！

重松　じゃあ、最後にボクから質問。『ワニハブ』の「あたしにだってプライドがある」という主人公——この、イジメにあっているのに親や先生に言わない「あたし」について、ボクは小説の中で、さっき言ったように、いいのかなっと思いながら「プライド」という表現を使いました。でも、イジメにあったのに親や先生に言わないというのは、ホントにプライドなんだろうか？

プライドと思う人、手を挙げて下さい。

藤原　ほぼ半々ですねえ。

重松　はい、それではね、ここでまた左右にグループを分けてもらいたいんです。

藤原　プライドと思う人、こっちにきちゃおうか。思わない人はあっち！

——生徒が再び移動する。

重松　じゃあ、「プライド」じゃないって人たちに口火を切ってほしいんだけど、これがプライドでないんだったら、一体なんなんだろう。

非プライド派　親に心配をかけたくない。

重松　じゃあ、親に心配をかけたくないっていうのを、もっと具体的に言うとどうなるんだろう。

非プライド派　母親の心配。

非プライド派　親孝行。

重松　他には？

非プライド派　相手を優しく思うってことは……愛。（場内どよめく）

藤原　出ました！　「愛」ときた！

重松　じゃあ、その場合、愛する相手ってのは、お父さん？　お母さん？

プライド派　たぶん、お母さんたちは、隠してるのが一番心配だと思う。黙っていられることが一番不安だと思う。

重松　じゃあ、そこで、あなたが、それでも黙ってしまった主人公の気持ちはプライドでいいんだと判断した理由は？

プライド派　プライドは変えようと思えば変えられるものだと思う。プライドってなんか固い感じするけど、絶対動かないものって感じがするけど、ホントはほぐされていくことがあるし。

重松　この主人公は今は黙っているけれど、変わっていく可能性があるんだということね。ほかには？

非プライド派　イジメとかっていうのは、その人の問題で、親が出てきたとき、見た目では解決したように見えるけど、心はしっくりこないと思うから、だから出てきてほしくないんじゃないかな。

重松　え？　でもそれでも、「あたし」がしゃべらなかった理由をもし説明するとしたら何になる？

非プライド派　恥ずかしいから。

プライド派　親に言うのが恥ずかしい、というのは、プライドではないんですか？

非プライド派　えっと、プライドじゃなくて、逆にややこしくなることがあるから言わない。

藤原　重松さん、残念ですが、そろそろ締めの時間なんですが……。

重松　あっ、はい。

今日ボクは、『ワニハブ』の主人公の行動が、プライドかプライドじゃないのかで、真っ二つに割れたっていうのが、すごくリアルだなと思ったんです。

少年の犯罪とか、イジメや自殺の話ってね、結構「プライド」ってものを変なふうに考えてしまったりとか、自分のプライドに押しつぶされてしまったりとかがあるもんなんだよね。中学生にとって、プライドの問題って、けっこう大きいと思う。そのとき、まずプライドの正体っていうのを君たちに知っておいてほしいなって思ったんです。

また半年後くらいに、この授業を続けて成長した君たちの意見も聞いてみたいな、と思います。

ボクね、この小説を発表したのが97年ですから5年前だったんだけど、5年前は不安でした。ホントにこれでよかったのかなって思った。今でも不安なんだけど、ボクはボクなりに、これがプライドなんじゃないかなって思うものを、考えたの。

結局ね、意外にプライドってのは、人間の最終兵器、最後の武器みたいなもんで……それをあまりみだりに振り回しちゃうと、こいつはプライド高いなっていうふうに反感買っちゃうんだよね。「プライドとは最後の最終兵器」。今のボクは、そう思っています。

でも、ボクなりのもっと詳しいプライドの定義っていうのは、半年後に。今日ここで「プライド」って何？　の定義を宿題として、みんなに出しておきます。そして半年後に発表してもらう機会に、「おじさんはこう思ってるんだよ」っていうやつを、あわせて発表したいな、と思います。

結局宿題を出して終わってしまいましたけど、今日は、ありがと！（割れんばかりの拍手）

生徒たちの感想

1つの言葉について、こんなに丁寧に考える機会は、忙しい世の中を生きる私たちにはなかなかない。だから、ときには通学や通勤電車の行き帰り、MDやケータイのスイッチを切って、漫画もスポーツ紙も文庫本も開かないでプライドについて考えてみる、なんてのも洒落《しゃれ》ているのではなかろうか。

生徒たちの感想にもこうある。

「文章の中の『プライド』というものがとても簡単そうで、実はそうでないことが身にしみた。作者もまだ考え続けているなんて！」

「普段、何気なく使っている言葉も、しっかり分かっていないものがあるということに気がついた。それから、ある1つのものについて、みんなが言い合うと、いろいろな考え方が見つかって楽しい」

「プライドは辞書に書いてあるよりも、もっと深い意味があること。今まであまり考えたことなかったけど、実は誰《だれ》でも持ってるものなんだ、と思った」

ちなみに『成語林』（旺文社《おうぶんしゃ》）には、次のような例文が載っている。

「プライドが高い。自分の人格や体面を大切にしようとする気持ちが強い。自尊心が強い。【用例】彼はプライドが高いから自信のある作品でないと出品しない。」

〝自尊心〟という言葉だけは、どうもしっくりこないのだが——。

講座❹のテーマ　表現の論理

1　本文読解

あたしにだってプライドがある。

「プライド」とは何だろう

本文中から「あたし」のプライドに関わる記述を抜き出してみよう

2　自分自身の「プライド」を考えてみよう

あなたの「プライド」は、どういうときに満たされるか

あなたの「プライド」は、どういうときに崩れるか

自分のことばで「プライド」とは何かを定義しよう

3 ディベート

「中学生に『プライド』は必要か」

	必要だ	必要ではない
自分の意見		
その理由		
最終的な意見		

4 この授業で学んだこと・感想

第2章

重松清の『エイジ』で、「思考法」をトレーニングする

藤原和博

講座❺　ものごとを立体的に組み立てる

プラス1《ワン》・トレーニング

タモツくんは新聞の別のページにクロスワードパズルを見つけ、「あ、これレベル高そう」とつぶやいて、シャーペンを手に解きはじめた。

「でもさあ、名前が出ないのって、タカやんにとってはそっちのほうがいいに決まってるけど、なんかさびしい気しない？」

「名前が出ても同じだよ」タモツくんはパズルの升目をどんどん埋めていく。「オレ、賭けてもいいぜ、もしタカやんの名前が出てても、すぐにみんな忘れるよ。覚えてるのは、犯人が中学生っていうことだけだって」

「忘れるかなあ」

「オレらは違うさ、本人のこと知ってるんだから。でも、関係ない奴にとっては、『石川貴史』なんてどうでもいいんだよ。でも、『中学生』はみんなに関係あるだろ？」

うまく答えられなかった。ぼくが思い描いた「みんな」は現役の中学生や中学生の子供がいる家族だけだった。

タモツくんはパズルを解く手を休めずに、しょうがないなあ、というふうに笑った。

「ちょっとキザっぽく言うけどさ、人間には三種類しかないんだよ。わかる？」

わかるわけない。

「これから中学生になる奴らと、いま中学生の奴らと、昔中学生だった奴ら。この三種類で人間ぜんぶだろ？　だから、『石川貴史』と関係のある奴なんてほんのちょっとしかいないけど、『中学生』は日本中みんなに関係あるんだよ」

なるほど、と半分思い、残り半分で、それ屁理屈じゃないのかな、とも思った。話を聞いているときには納得するけど、あとになって思い返すと「あれ？」と首をひねってしまう――タモツくんには、そういうところがある。イソップ童話のキツネみたいだ。

タモツくんは「これ持ってっていいよ」とタカやんの記事が載ったページを抜き取って、ぼくに渡した。

「もう読まないの？」

「一回読めばじゅうぶんだろ、そんなの」

ぼくはすでに三回読んでいた。

そして、四回め。

「少年」の文字とあらためて向き合っても、やっぱりタカやんの顔にはつながらない。代わりに、『少年マガジン』の表紙が思い浮かんだ。次に、テレビの『電波少年』。『十五少年漂流記』や『少年探偵団』なんていうのも浮かんだ。

ほんとうはけっこうカッコいい言葉なんだな、と思った。

（『エイジ』〔朝日文庫〕より。以下第2章の引用文はすべて同様）

「ちょっとキザっぽく言うけどさ、人間には三種類しかないんだよ。わかる?」

わかるわけない。

ちょっとどころか、すごくキザっぽい哲学者風のタモツくんに敬意を表して、この講座では、表現よりもむしろ、思考の方法に重点を移そうと思う。

私たちが「情報編集力」と名付けている〝物事の関係性を発見し、それを主体的に組み替えて行くチカラ〟のトレーニングである。

その基本として、まず「**2つの対になる要素を考え、そこにもう1つ何かを加えることで意味付けを変化させてゆく**」プラス1《ワン》・トレーニングを試みる。タモツくんのように2つより3つの要素を組みあわせて物事をとらえ、考えを柔らかく発展させてゆく思考法だ。

実際の世の中では、発想法としてのプラス1は大変有効である。その意味付けについては、『情報の歴史』などの編纂《へんさん》で名高い編集工学研究所の松岡正剛《まつおかせいごう》氏と、子供たちの教育の新しい姿について対談したものにエッセンスが詰まっているので、ここに一部を転載する。

藤原　松岡さんは『スターウォーズ』について、いろいろ登場人物はいるけれど、つまるところルーク、姫、悪者の三人だと。あの物語も三つの基本情報で成り立っているわけですね。

松岡　もう少し考えていくと、僕はまず一対の情報というものが、私たちが「分かる」ということにとって大きくて、しかしそこから理解をゲットするためにはその一対に加えなければいけない情報がある。

なぜ最初が一対かというのはよくわかりませんが、目が一対とか、手が一対とかそういう人間の身体的なところから来ているのかもしれませんし、男女とか、オスメスという自然界の法則から来ているのかもしれないんですが。私たちがふだん意識せずに使っている抽象概念などでも、父母から始まって、夫婦、浄土《じようど》と穢土《えど》、天国と地獄、善と悪、生と死、黒と白、いろいろなものがまず一対になっている。

そこに第三の要素が加わって思索的な構造が発展していくことを考えると、最初の一対はひじょうに重要だということになる。茶碗と紙でも何でもいいんですが、

子供が一対と思えるものからスタートすると、必ず次の思考が生まれるのだろうと思います。（中略）

藤原　たとえば大人なら「タバコと灰皿」と来たら、そこに「ライター」を持ってくる人はいっぱいいる。でも三番目に「昔、別れた恋人」を持ってきちゃうことで、全然違ったものになりますね。（実際に、さだまさしさんの『吸殻《すいがら》の風景』という曲では、喫茶店で語らう昔別れた恋人たちの心象風景が、積もってゆく吸い殻に象徴されています）

松岡　そうそう。プラス・ワンというのは変化の多様性なんです。それを示してやるには我々大人のコーチが大事ですね。「タバコと灰皿」に「じゃ、ミカンだったら？」とか「深海魚は？」とか言えば、突然広がるわけです。その変化の多様性が、プラス・ワンの意味なんです。

藤原　そうか。親や先生はプラス・ワンを提示してやれる存在でなければだめですね。

（藤原和博『情報編集力』〔筑摩書房〕第一章より編集抜粋）

私自身、企画書を書くときには、セールスポイントを必ず3つは考えるようにしている。たいがい2つはすぐに思いつくから、3つ目を考え出す努力はアタマを非常に活性化させる。その3つ目が、1つ目や2つ目と背反な関係、つまり、重複しない関係かどうかでまた頭を使うし、4つ目、5つ目が出てくるかどうかの起点にもなる。つまり3つ目を考える思考そのものが、考えを立体化する交差点になる。

これを数学的に示せばこうなる。

1つでは〝点〟に過ぎない（x）。2つでやっと方向性を持った〝線〟になる（x y を結ぶ直線）。そして、3つ目の点が打たれて初めて立体的な世界が形成される（x y z 座標）。ここで初めて、世界観が見えるようになると言ってもいいだろう。

では、数学の問題ではなく、人生の一大事について、この〝三段階増毛法〟で考えてみよう。

あなたにとっての「幸せ」を3つの事柄で定義せよ

重松清作品『幼な子われらに生まれ』（幻冬舎文庫）のなかには、次のような「幸せ」の定義が登場する。

幸せとは、一番近くにいる人を一番好きでいられることで、遠く離れてしまった人に「お帰り」と言えることで、助けを求められたらいつでもどこへでも駆けつけられること。

①近くにいる人を……
②遠く離れてしまった人に……
③助けを求められたら……とちょっとだけ発想を飛躍させている。
と「近く」と「遠く」を一対で対比させながら、最後は、

作家は、物語の登場人物に自らの思想を忍び込ませて喋《しゃべ》らせることが多いから、これは目下の重松自身の定義かもしれない。ちなみに、生徒たちのうち、この定義に納得できるとしたのは2割以下だった。

さて、生徒たちはこれに刺激を受け、どんな3要素を組みあわせて、それぞれの「幸せ」を定義しただろう。

「幸せ」とは――
「好きな人と結婚できることで、お金がたくさんあることで、テレビが面白いこと」
「自分の好きなことを好きなだけできることで、友達と楽しく話せることで、思いっきり笑えること」
「寝てるときのことで、食べてるときのことで、仲良しの友達とバカみたいにさわいでるときのこと」

「着るものがあることで、食べるものがあることで、住むところに誰《だれ》かがいてくれること」

中学生らしい素朴であっけらかんとしたもののなかにあって、

「家族といっしょに暮らすことで、友達がたくさんいることで、ひとりぼっちで死なないこと」

のように、３つ目の視点をちょっと変えることで、味わいが深まる効果を出しているものがある。

信じられる、という言葉も多く出てくる。

「人を信じられることで、自分を信じられることで、人に信じてもらえること」

「自分が守りたいものがあることで、自分を信じられることで、人を信じられること」

中学生の意識の中には、「幸せ」について、「信じられる」「信じられない」が大きな割合を占めていることが見てとれる。

作家の3分類を批判する

重松の定義に納得できないとした生徒には、その理由を記述させることにした。

書籍に載っているもの、作家の書いたもの、評論家がテレビで言っていることは、絶対の正解ではない。

生徒たちは、すでに重松本人に会っているので、「授業でお世話になったからといって遠慮しなくていいからね。自分の感じるままに、自分の感性で判断してください。ただし、納得できないという人は、その理由をはっきり書き入れてくださいね」と勇気づけた。

納得できなかった8割強の生徒は、その理由を次のように書いている。

「これは一方的なことばかりで、相手からもそう思われてこそ、幸せなのではないだろうか」

「とてもいい幸せだと思うけれども、実感がわかない。この定義は重松さん自身のものであってよいと思う」

「3つとも、自分が相手にしてあげることで、相手から受けた幸せがふくまれない。相手に何かしてもらう幸せもあると思うから」

「遠くにいても好きな人がいるだけで幸せだから」

「2番目と3番目は納得できるけど、1番目は、近くにいる人でも、嫌いな人は好きにはなりにくいから」

「お父さんやお母さんのことを考えると、近くにいるのが当然すぎて、どうなんだか、よくわからない」

「どうして『お帰り』といえることが幸せなのか、よくわからない」

「遠くにいる人に、なんでわざわざ『お帰り』なんて言わなきゃいけないの？」

重松作品独特の「お帰り」という名の幸せは、中学生にはイマイチ実感できないようだ。私などは、映画『雨月物語』（溝口健二監督作品）や『異人たちとの夏』（大林宣彦《のぶひこ》監督作品）を思いだしながら、ここに一番引かれるのだけれど。

これに対して、弁護側の意見も聞いてみよう。

「人を好きでいられることは、本当に幸せだと思う」

「3つとも自分だけが幸せになるというんじゃなくて、他人を幸せにすることだから」

「あたりまえのことだけど、皆が心の底で、意識せずにいつも思っていることだから」

「自分と自分のまわりの小さな世界が満ちたりていることで、遠く離れた人にも『お帰り』と言って受け入れることができ、さらに、小さな世界を飛び出して多くの人を受け入れることもできる、ほのぼのとした幸せを描いているから」

人間には3種類しかいない。それは――

次に、最初のタモツくんの「人間の3分類」に戻って、生徒たちに「人間を、自分なりに分類してみよう」と投げかけた。

これは大人でも詰まってしまう、人類最大の哲学的難問の1つになるかもしれない。

人間には3種類しかいない。それは――

「好きな人と、嫌いな人と、知らない人」

「好きな人と、嫌いな人と、どうでもいい人」

「友人と、大好きでずっといっしょにいたいと思う人と、どうでもいい人」

「私が見てカッコイイと思う人と、私が見てブサイクと思う人と、私がなんの関心ももたない人」

「ウォンビン（タレント）のことが好きな人と、ウォンビンのことが好きじゃない人と、ウォンビンのことを知らない、またはどうでもいい人」

「アタマのいい人と、アタマの悪い人と、アタマのいいふりをするバカ」

3番目に「どうでもいい人」が投げやりに並んでいるのが気にかかっていたのだが、ちょっとウイットの利《き》いたものも登場。

「大人と、子供と、少女」

「大人と、子供と、15歳」

「リーダーになる人と、副リーダーになる人と、隊員になる人」

「好きな人に好意を伝えられる人と、好きな人に好意を伝えられない人と、好きな人がいない人」

「甘い人と、厳しい人と、わからない人」（先生たちの人物評定かなあ?）

かなり深い表現もある。

「優しい人と、優しくない人と、優しくなくて、でも優しさが伝わってくる人」

「幸せだと感じて生きている人と、自分の生活が物足りないと思っている人と、幸せをつかもうとしている人」

「満ち足りた思いで死ねる人と、失意のうちに死ぬ人と、死にたくないとあがく人」

今回の授業では、自分なりの3分類を立てさせてから、グループに分かれてプレゼンをしあい、その理由を解説してもらった。さらにグループで優秀作を決め、最後にクラス全員の前で発表する。

このようにプレゼンを繰り返し、理由を述べなければいけない場面を習慣化するうちに、生徒たちの論理的な思考回路が刺激され、ロジックに強くなっていく。対象に対して、はじめは感覚的に「好き、嫌い」の〝反射〟をするだけだったものが、「なぜ?」を問いかけ続けることで、考えたうえで〝判断〟するように思考が進化するのだ。

「幸せの3分類」と「人間の3分類」ともに、問いかけられなければ、一生考えることなく死ぬ人もいるだろう。

生徒たちが、もう少し大人になって恋をするころ、自分が結婚してもいいかな、と思っている男性に「ところで、あなたにとって〝幸せ〟って何かしら。具体的に3つの状況で言ってみて」なんて質問している姿を勝手に想像してしまう。問いかけられた男性は、気の毒なほどうろたえて、逃げるように席を立つのだろうか。それとも、「君がいることで、君といることで、僕がなにかしてあげられること」なんて、タモツくんばりのキザな言葉を即答するチカラは、備わっているだろうか。

元外相の田中真紀子氏は、「人間には、家族と、使用人と、敵の3種類しかいない」と語ったという。

ちょうどオーストラリアからのホームステイで授業に参加した生徒は、「友達と家族とガイジン」と、ユーモアたっぷりの3分類を披露してくれた。

同じく授業に参加していた女性の先生は、最後に「私を好きな人と、私を愛している人と、私にまだ出会っていない人」とつぶやいた。

第三の道

『アリとキリギリス』や『ウサギとカメ』は二項対立の物語だ。

でも、『アリとキリギリス』に女王アリが出てきたら、どんな物語が生まれるだろう。『ウサギとカメ』に、カメよりもっと足が遅いミドリガメが加わったら、どうなっちゃうんだろうか。

北朝鮮と韓国《かんこく》の関係に、日本はどんな役割を果たすんだろう。アメリカと中国の関係ではどうか。インドが入ると、またまたどうなんだろう。

上司と部下も、大手企業と下請けの中小企業の関係も、労使交渉でも、産業界はいつも二項対立のオンパレードだ。しかし、そこにはかならず、第三の道がある。

私自身、「サラリーマン」と、会社を辞めて単純に自分の会社を興《おこ》す「脱サラ」の間に、「フェロー（客員）」という契約形態を生み出した。いったん会社を辞めて自営業者として独立するのだが、主にそれまで勤めてきた会社とパートナー契約を結んで共同事業を営むのだ。個人の自由を追いながら、なおかつ組織のよさも生かしていく。そんな「個人と組織の新しい関係」も生まれている。

成熟社会には、あらゆる機会に「第三の道」を発見するチカラが試される。

そして、往々にしてそれが、自分にとって一番幸せで、相手にとっても好都合な最善の道であったりする。

「第三の道」を探すチカラをつけるために、まずは、ここでやったプラス1・トレーニング「一対＋1」を、あらゆる機会に試してみてはいかがでしょうか。

講座❺のテーマ　論理の発見

1　本文読解

タモツくんはパズルを解く手を休めずに、しょうがないなあ、というふうに笑った。

「ちょっとキザっぽく言うけどさ、人間には三種類しかないんだよ。わかる?」

わかるわけない。

「これから中学生になる奴らと、いま中学生の奴らと、昔中学生だった奴ら。この三種類で人間ぜんぶだろ? だから、『石川貴史』と関係のある奴なんてほんのちょっとしかいないけど、『中学生』は日本中みんなに関係あるんだよ」

この「三種類で人間ぜんぶだ」という考えに納得できるか

納得できる　　納得できない

それはなぜか

2　『幸せ』を考える

幸せとは、一番近くにいる人を一番好きでいられることで、遠く離れてしまった人に「お帰り」と言えることで、助けを求められたらいつでもどこへでも駆けつけられること。

（重松清『幼な子われらに生まれ』〔幻冬舎文庫〕314ページ）

この「幸せ」の定義に納得できるか

納得できる　　　　納得できない

それはなぜか

自分なりの「幸せ」を3つの具体的な状況を組み合わせて表現してみよう

幸せとは、

ことで、

ことで、

こと。

なぜこのような組み合わせにしたのか

3

「人間」を分類してみる

人間には3種類しかいない。それは、

と、

と、

だ。

このグループの中で優秀作を選び、その優れた点をメモしよう

さんの優れた点

4

この授業で学んだこと・感想

講座❻　〃世間〃に惑わされない

「まだ、子供なんだから」と「もう、中学生なんだから」の境目

誰でも、かつて母親から、次のような相反する言葉を投げかけられた覚えがあるのではないだろうか。

「まだ、子供なんだから」。このあと、「買い食いはいけません」「1人で行っちゃだめ」「映画に行くなんてとんでもない」などといった、子供であることを前提にした制止ワードが続く。

しかしいっぽう、中学生くらいになると、「もう、中学生なんだから」「もう、大人なんだから」といった投げかけも登場する。このあとには、「勉強をしっかりしなさい」

「それぐらい1人でできるでしょ」「きちんと挨拶《あいさつ》してね」といった諭《さと》しワードが続く。場合によっては「お姉ちゃんなんだから」「長男なんだから」という言葉に、妹の面倒は黙っていても見るもんだ、自分で掃除くらいしなさい、弟を泣かしたらなんたって年上のあんたが悪いのよという意味が込められて、牽制《けんせい》されることもある。

「まだ、子供なんだから」と「もう、大人なんだから」という相反するメッセージは、中学・高校を通じて、親や学校の先生に〝便利に〟使い分けられることが多いから、「いったいどっちなんだ!」と反発したこともあるかもしれない。心理学では、こうした状況を〝ダブル・バインド〟と呼ぶ。どっちなんだろうと迷ってしまい、精神的に混乱する状態のことだ。

母親が、「子供なんだから」「大人なんだから」「中学生なんだから」「お姉ちゃんなんだから」「長男なんだから」と呼びかけるとき、その「子供」「大人」「中学生」「姉」「長男」という言葉は、決して、物理的な状態だけを指してはいない。

たとえば、「ひとりっ子だからねえ……」というとき、その「ひとりっ子」は、決して「長男か長女が1人いる」という物理的な状態を指すのではなく、「兄弟がいなくて楽ねえ」とか「お母さんがさぞ可愛《かわい》がっているんでしょうねえ」とか「甘ったれ屋さんなのね」というような意味が含まれる。

つまり、その言葉にあらかじめ付与された〝社会的な意味づけ〟を含んでいることが多いのだ。いわゆる、世間でいう「中学生」だったり、世間でいう「長男」だったり、世間でいう「ひとりっ子」だったり。目の前にいる生身の人間に対して喋《しゃべ》っているようでいて、実はそうではない。個別の人格を無視して、世間を押し付けようとしている。

こうした〝世間の見方〟によって、紋切り型に決めつけてくる語り口には注意したほうがよい。それは、語る相手を尊重した双方向のコミュニケーションというよりは、〝世間の見方〟で相手を圧倒し、自由な思考を奪うことを意図していることが多いからだ。

ここでは、**世間から特定の意味を付与された言葉たちを「マジックワード」**（後述の苅谷《かりや》剛彦《たけひこ》氏の用法）**と呼び、その言葉と適切な距離感を保てる意識を育てようと思う。なぜなら、「マジックワード」には、私たちの思考を停止させてしまうスイッチが隠されているからだ。**

なぜ、「マジックワード」は思考を停止させるのか

評論家などが、世間の見方を代表するかのように、大上段に振りかぶってマジックワードを喋るとき、私たちはついつい無批判にそれを受け入れてしまうクセがある。

「情報化社会の中で、ＩＴ化を急がねばならないのは当然のことですから、老人向けの

介護サービスの分野でも、ネットワーク化は急務でしょう」というような語り口だ。この場合、「情報化社会」とか「IT化」「ネットワーク化」がマジックワードであり、何となくわかったような気になってしまうのだが、そうしたものが本当に老人の望むものなのかどうかという批判や疑問が、往々にして殺されてしまう。

この点については、東京大学教授の苅谷剛彦氏の指摘が的を射ているので、ここに引用させてもらう。

「今は情報化の時代だから……」とか、「国際化の進む現在の日本では……」とか、「日本は集団主義の社会だから……」とか、「日本ではまだ女性差別が根強いから……」とか、「日本は学歴社会だから……」とか。あるいは「これは決められたルールだから、○○すべきだ」とか、「そんなことは前例がないから、△△できない」とか。

私たちの身の回りには、こうした紋切り型の決まり文句があふれています。もちろん、こうした発想のすべてがまちがっているというわけではありません。しかし、このようなステレオタイプ的な発想に出会ったとき、私たちは、あらためて深く考えることなしに、「ああそうか」、「そんなものか」と反射的に受け取ってしまうことが少なくありません。自分なりのとらえ直しをしないまま、こうした紋切り型を受け取る。しっかりした事実や根拠が示されていなくても、ステレオタイプの「常識的な」見方を「あたりまえ」のこととして受け入れてしまう。そして、たいていは、そこでなんとなく納得し、その先を考えるのをやめてしまう。「自分の頭で考えなくなる」、その第一歩が、こうした「常識」へのとらわれにあるのです。

（苅谷剛彦『知的複眼思考法』〔講談社+α文庫〕より）

このように、「マジックワード」は、自分の頭で考えられなくなってしまうような呪《じゅ》文《もん》を含む〝魔法の言葉〟だ。

「いやな世の中になっちゃったね、ほんと」

再び『エイジ』を読んでみよう。

（『エイジ』のつづき）

家に帰ると、母は「お帰り」を言う間もなく通り魔が逮捕されたことを切りだした。お昼のニュースで観たという。犯人は「市内の公立中学校に通う生徒」。ぼくが「知ってるよ」と言うと、「先生が話したの?」と訊くので、まあ、そんな感じかな、と気を入れずにうなずいた。

「じゃあ、みんなショックだったんじゃない？」

「そうでもなかったけど」

母をリビングに残してキッチンに入り、冷蔵庫から取り出したオレンジジュースを紙パックから直接飲んだ。

「でも、同じ中学生よ？　信じられないでしょ」

「信じるも信じないもさ」ジュースをもう一口、酸っぱさに顔をしかめて苦笑いを紛らせた。「事実なんだから」

こういう言い方を母はいつも嫌う。わかってて、言った。ときどきオトナをなめたような醒めた態度をとるのが、ぼくのいちばんよくないところなのだそうだ。

「ねえ、エイジ。どこの中学か聞いた？」

ジュースを、さらにまた一口。

「まあ、そういうの、先生が言うわけないよね」

戸棚にクッキーがあったので、三枚いっぺんに口の中に放り込んだ。今日は塾の日だ。夕食は九時過ぎになってしまう。

「いやな世の中になっちゃったね、ほんと」

母はため息交じりに言った。決まり文句が、今日も出た。それで少しホッとした。タカやんのことが、ダイオキシンや汚職や環境破壊や手抜き工事と同じぐらい遠くになる。

「世の中」とは「ウチの外」の意味なのかもしれない。便利な言葉だ。これからどんどんつかおう、なんて。

　クッキーを頬ばったまま、キッチンから自分の部屋に入った。ベッドの縁に腰かけて、ギターのボディーにうっすら映り込んだぼくと向き合う。まいっちゃったなと笑ったけど、赤く染まったぼくの顔はあまり動かなかった。

　小学生の頃なら、「お母さんお母さん、聞いて」と玄関に駆け込んだはずだ。息せききって、朝からのできごとをすべて母にしゃべっただろう。しゃべらずにはいられない。秘密を一人で抱え込んでいると胸が窮屈になって息苦しかったし、母の「こうしなさい」や「それはやめときなさい」の答えに従っていれば、たいがいうまくいった。

　でも、いまは違う。黙っていることの息苦しさよりも、しゃべる面倒くささのほうがいやだ。それに、母の「こうしなさい」や「それはやめときなさい」は、ぼくの「こうしたい」や「そんなのやりたくない」といつも食い違ってしまう。

　ギターを手に取った。ひさしぶりだ。左手でCのコードを押さえて、右手の親指で弾きおろしてみた。濁った音になった。低音の弦をしっかり押さえていなかったせいだ。もう一度。今度はうまくいった。きれいな和音だ。でも、ほんとうは、もっとシャリシャリした薄い音のほうがいい。深みのある音は、なんだか耳にうっとうしく響くときがある。

まず20～24行目にこんな表現がある。

「いやな世の中になっちゃったね、ほんと」

母はため息交じりに言った。決まり文句が、今日も出た。それで少しホッとした。タカやんのことが、ダイオキシンや汚職や環境破壊や手抜き工事と同じぐらい遠くになる。「世の中」とは「ウチの外」の意味なのかもしれない。便利な言葉だ。これからどんどんつかおう、なんて。

ぼく（エイジ）のクラスメート、タカやんが通り魔事件を起こした。母は、町中の話題だった通り魔が逮捕され、犯人が「市内の公立中学校に通う生徒」だということはテレビのニュースで知っているのだが、それがエイジのクラスメートだということは、まだ知らない。

授業では、『エイジ』を読んできた生徒に対して、ワークシートでこの部分を指摘して、いきなり「決まり文句」ってなんだろうと投げかけた。

案の定、これは相当無理な発問だった。先生の「いつも決まって言う言葉が、決め言葉だよね」という何気ないつぶやきに引っ張られて、次のようなワードが「身の回りにある〝決まり文句〟」の例として引っ張り出されてきた。

「もしもし」「マックのいらっしゃいませ」「胸のボタン、止めろよ！」（これは担任の先生のクチグセ）「勉強しなさい」「ただいま、おかえり」。その他に「バイキンマンの『バイバイキーン』」「もうテストまであと1週間しかないからね」「いつまでテレビ見てんのよ！」「やればできる」「電車の中で『本日もご利用ありがとうございます』」というのまで。わずかに、2、3人が次のような正真正銘のマジックワードを挙げただけだった。

「最近の若い人は……」「まったく子供なんだから……」「女の子らしくないわね」。『広辞苑《こうじえん》』では、「決まり文句」＝いつもきまって言う文句で型通りの新鮮みのない表現、ということになっているから、この定義に照らせば「もしもし」も「勉強しなさい」も「マックのいらっしゃいませ」もすべて入ってきてしまう。ちなみに「紋切り型」のほうは「型どおりのやり方や見方、ステレオタイプ」と記されている。

さて、主人公のエイジは、自分のクラスメートが連続通り魔事件の犯人だったという受け入れがたい事実を、むしろ、部分的なニュースしか知らない母が「いやな世の中になっちゃったね」と総括したことでホッとしたと言っている。

そんなふうに、お決まりの一言で十把ひとからげにされたほうが、気が楽になることもある。この瞬間、タカやんのことは「ダイオキシン」や「汚職」や「環境破壊」や「手抜き工事」と同じくらい、直接関《かか》わりのない遠いところに切って捨てられた。エイジがしばらく、考えなくてもいいように。

これは、決まり文句の数少ない効用と言えるだろう。

（『エイジ』のつづき）

「中学生」というマジックワードを考える

翌朝、教室に入ってきた中山はカバンからスポーツ新聞を何紙も取り出した。学校に来る前にコンビニに寄って買い込んだのだという。「一人百円ずつな」とセコい商売をもくろんでいたようだけど、「ゴタク言ってんじゃねーぞタコ」とツカちゃんに新聞を奪い取られ、けっきょくみんなで回し読みすることになった。

どの新聞にもタカやんのことが大きく載っていた。

最初はみんな「タカやん、チョー有名人じゃん」なんて盛り上がっていたけど、記事をよく読んでみると、じつはタカやんは主役じゃなかった。

どの新聞も、通り魔が十四歳の少年だったことに驚き、その驚きを読者と分かち合おうとしていた。タカやんは、顔も名前も出ていない。どんな奴だったかについても「公立中学に通うごくふつうの生徒」程度しか書いていない。呼び方は「少年」か「A」。それをすべて「石川貴史」に置き換えてみても、ぜんぜんタカやんにつながらない。犯行の動機も、ストレスとかマンガの影響とかゆがんだ性欲とか、いろんなことを並べ立てていたけど、どれもタカやんがじっさいに話したわけじゃない。

だからなのか、記事を読んだあとも、なにかがわかった、という感じがしない。胸がもやもやする。タカやんが警察に捕まる前、正体のわからない通り魔について話していた頃のほうが、よほどすっきりしていた。

みんなが読み終えた新聞を、自分の席で本を読んでいたタモツくんに持っていった。タモツくんは「べつにいいよ、スポーツ新聞なんて」と気乗りしない様子だったけど、「まあ、ちょっと読んでよ」と頼むようにして渡した。

タモツくんは面倒くさそうに記事をざっと読んで、「ふうん」とうなずいた。

「なんかさ、犯人なんて誰でもよかったって感じしない？」と声をかけると、「そんなのあたりまえじゃん」とあっさり返された。

「未成年だから、やっぱり詳しく書くとヤバいのかなあ」

「それもあるけど、ようするにさ、誰でもいいんだよ。犯人が中学生だったってことが、今回の事件のウリなんだから」

「ウリ、ねえ……」

「流行ってるもん、いま、中学生」

「流行ってる」という言い方がおかしくて、思わず笑った。

でも、たしかに新聞やテレビのニュースには「中学生」という言葉がしょっちゅう出てくる。いじめとか不登校とかナイフとか体罰とか、ろくな話題のときじゃない。「中学生」にくっつく言葉も、「キレる」とか「荒れる」とか「病んだ」とか「疲れた」とか「きしみ」とか「ひずみ」とか「悲鳴」とか「ＳＯＳ」とか「行き詰まり」とか「窒息」とか……イオン式の空気清浄機と同じで、いやな言葉がどんどん「中学生」に引き寄せられているみたいだ。

「中学生」というマジックワードが持つ世間的な意味づけが見事に整理されている。

「流行ってるもん、いま、中学生」

「流行ってる」という言い方がおかしくて、思わず笑った。

でも、たしかに新聞やテレビのニュースには「中学生」という言葉がしょっちゅう出てくる。いじめとか不登校とかナイフとか体罰とか、ろくな話題のときじゃない。「中学生」にくっつく言葉も、「キレる」とか「荒れる」とか「病んだ」とか「疲れた」とか「きしみ」とか「ひずみ」とか「悲鳴」とか「SOS」とか「行き詰まり」とか「窒息」とか……イオン式の空気清浄機と同じで、いやな言葉がどんどん「中学生」に引き寄せられているみたいだ。

意味づけというより、むしろ、先入観とか偏見を含んだ〝いやな言葉〟のオンパレードなのだが、「イオン式の空気清浄機と同じで」という重松特有のウイットの利《き》いたメタファー（比喩《ひゆ》）によって、〝窒息〟せずに救われている。

あなたなら、「イオン式の空気清浄機」以外に、ここに入るべきメタファーとして、何を持ってくるだろうか？

「掃除機」では味も素っ気もないし、「バキュームカー」では洒落《しゃれ》にならない。
　ここで改めて、生徒たちに「中学生」に「引き寄せられている」言葉を探してもらっ
た。
「ハンパな年ごろ」（そう思う人は手を挙げてと言ったら全員だった）「うるさい」（こ
これもほとんど全員）「小学生のカラから抜け出せない」（かなり多い）「学力低下」（4分
の3以上、ただし7人がそうは言わせたくないと反論）。
　その他には「反抗」「成長期」「ニキビ」「青春」「部活」「ませた」「中途半端《はんぱ》」「引き
こもり」「かつあげ」「鬱《うつ》」（この漢字は必死に辞書で調べて書いていた）。
　ここまで来ると、生徒たちにも「決まり文句」や「紋切り型」といった「マジックワ
ード」の意味するところがおぼろげながらもつかめてくる。
　その証拠に、ワークシートの次の設問「それらの言葉はなぜ『中学生』に『引き寄せ
られている』のだろう」には、「中学生」という言葉に対して〝世間が決めてかかって
いる意味づけ〟を意識した書き込みが散見された。
「中学生が起こした事件が新聞にのると、少数の人がやったことでも世間では中学生が
みんなそうだ！と、つい決めつけてしまうから」
「たとえば、ある中学校の生徒の1人がだらしない格好をしていると、それを見た人は
『あの学校はだらしない！』と思ってしまう」

「一部の人がやったことが新聞とかで広まって、それをうのみにしてしまう人が多いから」

「表面のことしか見えないし、深く考えない人が多いから」

「世間は1人がそうだとみんなそうだと決めつける傾向があるから」

「小学生は子供、高校生以上は大人みたいな考えがあって、中学生はその間で、子供でもなく大人でもないため、心が荒れていると思われているから」

「親などに反抗してカラに閉じこもってしまい、あまり話さないし、考えていることがよくわからない年ごろだから」

報道機関の特性に触れた鋭い意見もある。

「そういう悪いニュースばかりが世間に流されるから」

「テレビのニュースでは悪い印象が多いから、いい印象は広まりにくい」

「報道している人も、中学生の時のことを思いだすから」

「みんな何気なく、死なない程度に生きている時代だから」（これはちょっと哲学的）

講座❹では「プライド」の定義に関して「さびしさの裏返し」とか「情けないことはできないという考え」というような独自の意味づけをした生徒たちは、今度は、こんなふうに「決まり文句」を定義した。

「自分でその状況を納得しようとして言う言葉――いつも同じ場面で使われるセリフ」

私の定義は「世間的にお決まりの意味を付与されてしまっているワードで、水戸黄門の印籠《いんろう》のようなもの。『下がりおろう！　この紋所が目に入らぬか！』と、その言葉の前では、みんなが思考停止してしまう魔法の言葉（マジックワード）」。

神谷先生の定義は「話し相手個人に語りかけていないコミュニケーション」。

どちらにせよ、目の前の現実ではなく〝世間〟に飛んでいってしまう言葉なのだ。

講座❻のテーマ　表現と社会

1　本文読解

「いやな世の中になっちゃったね、ほんと」

母はため息交じりに言った。決まり文句が、今日も出た。それで少しホッとした。タカやんのことが、ダイオキシンや汚職や環境破壊や手抜き工事と同じぐらい遠くになる。「世の中」とは「ウチの外」の意味なのかもしれない。便利な言葉だ。これからどんどんつかおう、なんて。

「決まり文句」とは何だろう

身のまわりの「決まり文句」を探してみよう

自分で考えた例	他の人が考えた例

「決まり文句」を自分なりに定義しよう

★どういうときに使うか……
★どういう相手に使うか……
★なぜ使うのか……
★「決まり文句」の良い点……
★「決まり文句」の悪い点……

2 本文をもとに、「中学生」を考える

「流行ってるもん、いま、中学生」

「流行ってる」という言い方がおかしくて、思わず笑った。

でも、たしかに新聞やテレビのニュースには「中学生」という言葉がしょっちゅう出てくる。いじめとか不登校とかナイフとか体罰とか、ろくな話題のときじゃない。「中学生」にくっつく言葉も、「キレる」とか「荒れる」とか「病んだ」とか「疲れた」とか「きしみ」とか「ひずみ」とか「悲鳴」とか「SOS」とか「行き詰まり」とか「窒息」とか……イオン式の空気清浄機と同じで、いやな言葉がどんどん「中学生」に引き寄せられているみたいだ。

「中学生」に「引き寄せられている」言葉を探してみよう

それらの言葉はなぜ「中学生」に「引き寄せられている」のだろう

3　この授業で学んだこと・感想

講座❼　人間関係を図で表す

「関係性」を読み解けばすべてがわかる

講座❻では、〝表現の技術〟から〝思考の技術〟にやや重点を移した話をしたが、本講座ではそれを受けて、さらに思考を整理するためによく使われる〝関係性を図解する技術〟の練習をしてみよう。

小説『エイジ』から「父」「母」「エイジ（主人公）」「姉」のキャラクターを拾いだして、自由に図を描き、お互いの関係性を解説してみるのだ。

実は世の中では、よく「関係性」を〝図示〟することが求められる。

他人から求められていない場合でも、**自分で図を描いてビジュアルで考えてみると、**

必ず新しい発見がある。要素同士の関係が複雑であればあるほど、頭の中を整理するには、図で描く技術が鍵《かぎ》になる。図にしてみれば、こんがらがっていた糸が解《ほぐ》れ、解決の糸口が見えてきたりするからだ。

だから、仕事ができる人には、ビジネスマン、政治家、行政マンにかかわらず、他人に易しく図で解説できる技術を持つ人が多い。

たとえば、自動車メーカーでは、新しい車の開発にともなって、潜在的な購買層の分析を行ない、どんなライフスタイルの人物なのかを細かく規定する。

「金融系のビジネスマンで、小さな子を含む家族がおり、休日にはキャンプに行ったりもするのだが、ファミリータイプのワゴンで、もろに家族サービスの匂《にお》いのするのはカッコ悪いと感じている。だから、キャンプでも機能的だが、都会を走るときには、あくまでもスポーティな力強さを求めている」とか。

クドクドとこんなふうに書くよりは、ターゲットとなるビジネスマンの姿を中心にして、まわりに、彼の大事にする価値観や生活の断面を表現した絵や写真を貼《は》り込んだほうがよっぽどわかりやすいだろう。描き込まれたアイテムは有機的な矢印で結ばれ、その矢印には、彼との関係を示す簡単な解説が書き込まれているはずだ。

また、政治の世界でも、「中国」と「日本」と「北朝鮮」の関係を述べるのに、長々と言葉で解説されるより、ＮＨＫの「週刊こどもニュース」で頻繁に試みられているよように、関係性を図で示してくれたほうが大人にも理解しやすい。「ニューステーション」でも、ちょっと複雑な事件などはフリップ（紙芝居の絵のようなもの）を使って、関係者間のやりとりを解説する。９・11ワールド・トレード・センタービルのテロ事件などのように大きな事件については、そうした関係性をわかりやすく解説できるかどうかが、そのままニュース・キャスターの人気や番組の視聴率を決定してゆく。

あるいは、もっと身近な地域の老人介護の現場でも、ケア・マネジャーは担当するクライアント（おじいちゃんやおばあちゃん）の情報を図に描いて、細かくつかんでおくことが必要だ。

日常のケアを担当するヘルパーさんは１人ではなく、たくさんのパートタイマーがシフトを組んでお世話するのが普通だから、はじめて担当する人にも、クライアントのサポート状況を短時間で説明するために、家族を含めた関係者を図にわかりやすく描いておくわけだ。

このように、ある人物のキャラクター（業界用語では〝キャラ〟）の把握と、その人を取り巻く関係者との関係性（家族を含む人間関係やライフスタイルとの関係）の把握は、あらゆる人物分析に役立つ技術である。

なぜなら、それは、その人物が、どんな〝価値〟を大事にする人なのかが一目瞭然《いちもくりょうぜん》になるからだ。

エイジの家族との関係を図に描いてみる

ではまず、練習問題として、『エイジ』の主人公、エイジと家族との関係を自由に図で描いてみよう。

実際に中学校での授業で生徒たちが描いた図を6点、ここに見本としてあげておく。私がオリエンテーションのために、最初に生徒たちに示した例は、非常にシンプルなもの。父、母、姉、エイジという4人の登場人物を黒板に縦に書きだして、それぞれを丸で囲み、関係性を示す「矢印」をいくつか引いてみただけである。

①は、典型的な家系図状の表現。説明も最低限だが、それぞれのキャラを正確にとらえている。

②は、双方向の矢印に丁寧に、お互いの感情についての解説がなされている。

③は、主人公エイジを中心にしてシンプルに本質をとらえている。

④は、キャラを図の中に描き込んだもの。特にエイジと母の交流の特徴がよくわかる。

⑤は、②と構造は同じだが、ちょっとビジュアルに工夫を凝らしてユーモラスにしたもの。

⑥は、動きのある図。丁寧な人物のキャラ分析がされている。

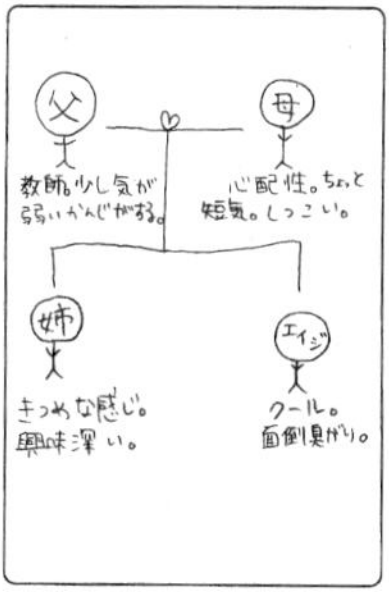

①

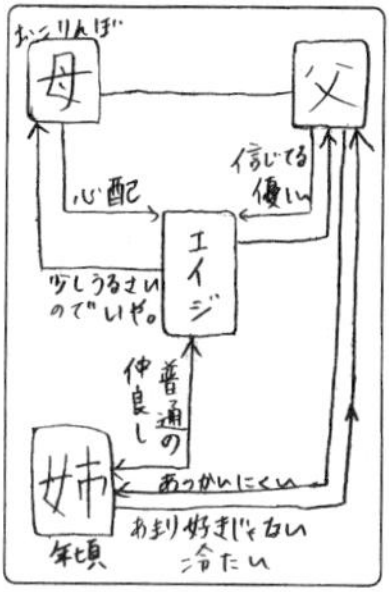

②

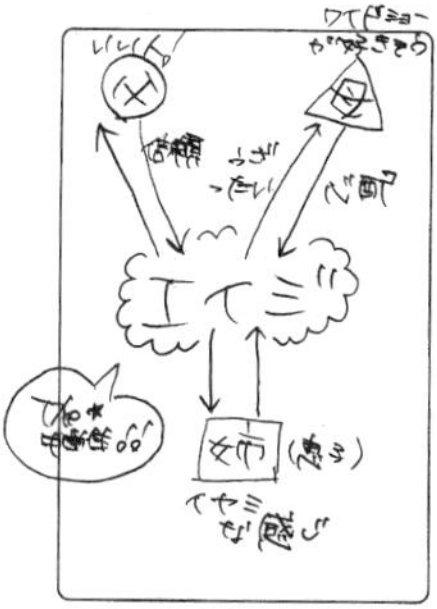

③

【人物の特徴】

エイジ→ときどきオトナをなめたような態度をとる

【人物の特徴】

母＝普通のおばちゃん

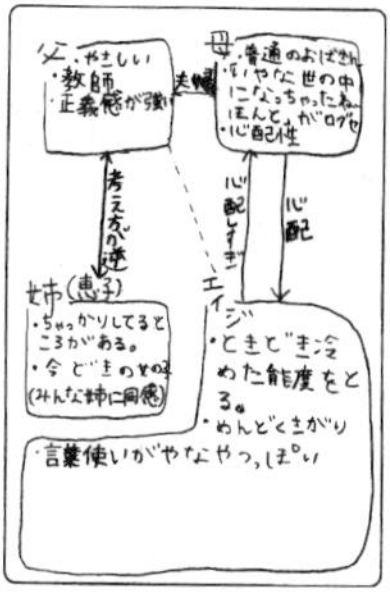

④

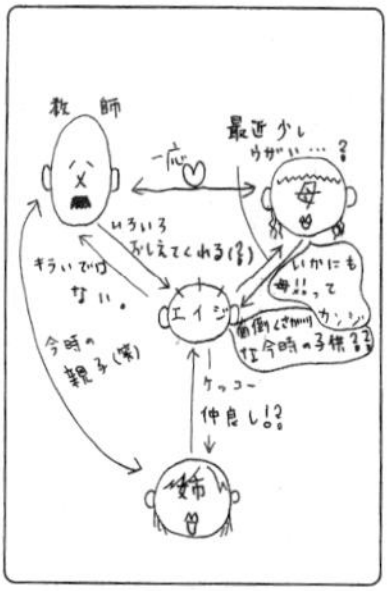

⑤

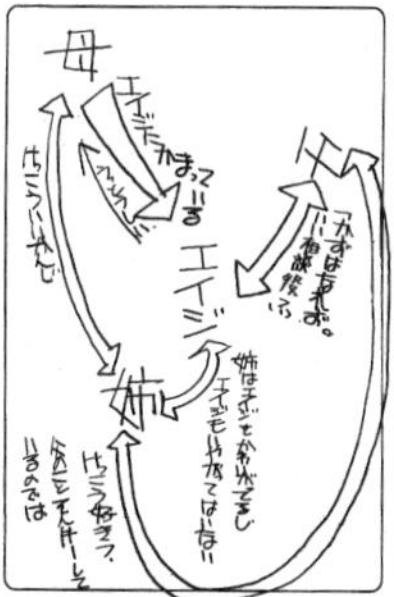

⑥

【人物の特徴】

父＝やさしい感じ。エイジをかわいがっている。高校の教師。

母＝ゴシップ好き。エイジが気に入らないことをするとすぐ怒る。嫌っているワケではない。

姉＝現実的（？）。どちらかといえば母似。エイジをそれなりにかわいがっている。

エイジ＝少しさめた感じ。母のことはあまり好きじゃない？

ちなみに、30人強の生徒のうち、エイジを中心にして家族の関係を描いたのは15人。エイジと姉が同列で、父と母の間に引かれた線の配下にある〝家系図〟的な図を描いたのは6人。父、母、エイジ、姉が四方にあるのが7人。エイジが最上部にある図は2人だった。

面白かったのは、何の指示も与えていないのに、圧倒的に父を左、母を右に描く生徒が多かったこと。これは、ひな祭りに飾る「ひな人形」のお内裏さま（向かって左）とお雛《ひな》さま（向かって右）の関東風配列でもある。

自分の家族について相関図を描いてみる

『エイジ』を題材にした練習問題のあとに、今度は、「自分の家族」のメンバーについて、その関係性を図示する応用問題にチャレンジしてみる。

関係性の糸は自分を中心に張られるから、遠くに住んでいても感情的には近い関係のおばあちゃんや、飼っているペットなども図の中に加えて構わない。

応用問題のほうも、生徒たちの描いた6つの図を例として挙げる。ただし、プライバシーの問題があるから、個人が特定できないよう微妙に変えてあることを断っておく。

①には、典型的な、ほほ笑ましい家族の姿が描かれている。

自分の家族を図にしてみると何が見える？

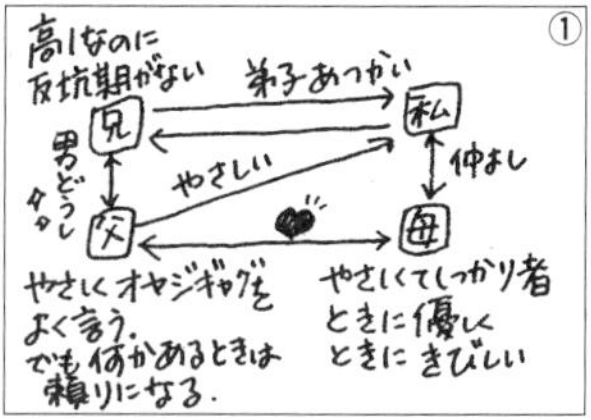

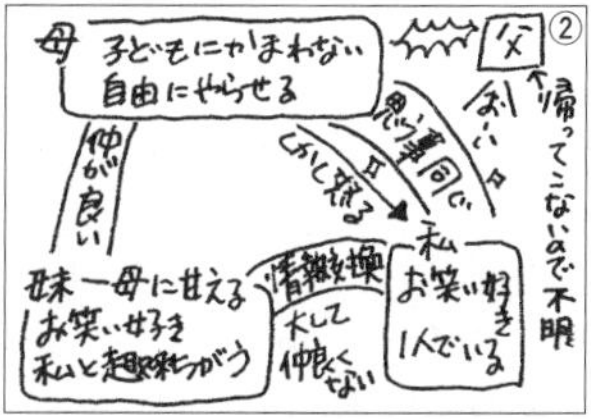

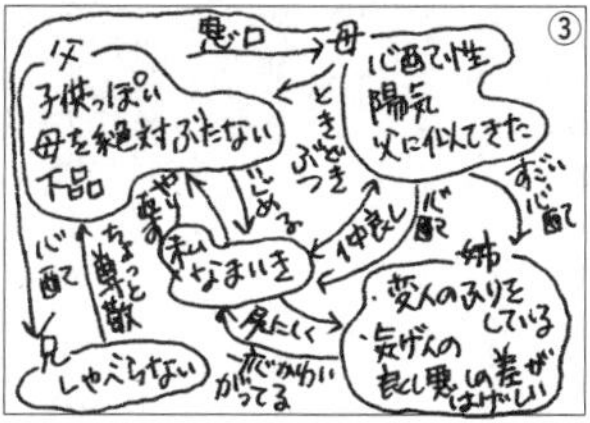

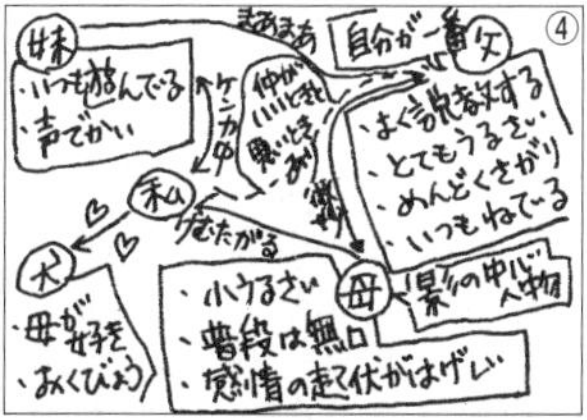

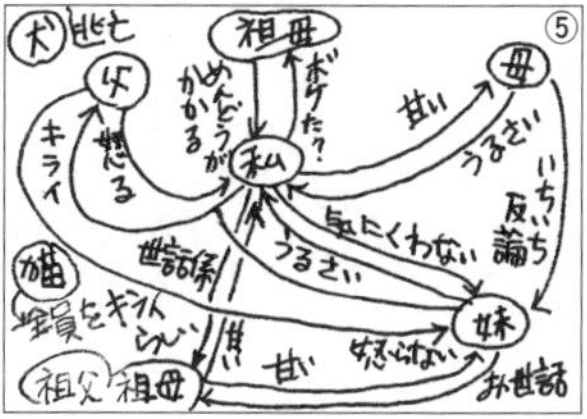

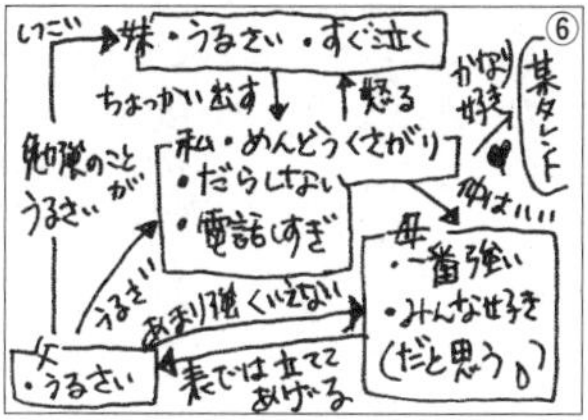

プライバシー保護のため、一部変えてあります。

②のお父さんは、欄外にでていて「おーい」と呼びかけられているようだ。
③には、兄姉が絡《から》んだ複雑な人間関係がよく描かれている。
④では、母は影の中心人物とされていて、娘から見た典型的な父母の姿が垣間《かいま》見える。ペットも家族の一員だ。
⑤は、祖父母までが加わって、関係はもっと複雑に。
⑥の父は、左隅に小さく追いやられているように見える。家族間の交流を双方の矢印の解説がよく表している。

ちなみに、父母と一緒に住んでいる生徒のうち、父と母を上部に配した図を描いたものは22人（約3分の2）だった。

これに対して、父が左下もしくは右下に位置しているものは5人。父の存在の薄さをはっきり表現しているもの（◯が小さいなど）が6人。父が片隅に追いやられているもの（あまり関係ないとか「ウザイ」というコメントがついている）2人を合わせて計13人（同居している4割以上）が、父について、厳しい評価をしている現実がある。

図のなかに記入されたコメントを見ると、父たちは、「帰ってこないので不明　おーい」「ほとんど、家にいない」「何もしゃべらない」「話しが全然合わない」「うるさい」「ウザイ」「よく説教する」「どうでもいい」「怒るからキライ」「内弁慶」「最近母に怒られた」「ゲンコがいたい」「父はわたしのことどう思っているのでしょう」……ｅｔｃ。

これは、一中学校でのケースだが、一説には、女子高校生にこのような関係図を描かせると、「父」はほとんど欄外に去ってしまうのではないかという危惧《きぐ》もある。

対して「母」については「こわい」とか「強い」とかが3人。「感情の起伏がはげしい」とか「小うるさい」とか「すごく短気（あるいは、すぐ怒る）」と表現された母9人を加えて約3分の1が厳しい評価を受けている。でも、「仲良し」「大好き」「尊敬してる」とはっきり表現された母も10人で、同じく3分の1はいるからご安心を。

母についてのコメントには他《ほか》に、「支配者」「中心人物」「大黒柱」「機嫌よければスキ」「ネチネチ弱点を突いてくるのがキライ」「ケンカするといろいろ投げあう」「けっこうジコチュー」「勉強しろ！　という人」（対して父は「お母さんの言うことを聞け！」という人）「キゲンがよいときは、よき話相手」「友達」などとある。

家族に事件が起こったら

ここまでウォーミングアップをしてから、最後に、そうした関係性を持った自分の家族になんらかの事件が起こったとき、その関係はどう崩れるのか、あるいは強化されるのかを、短い想定シナリオを描いて、思考実験してもらう。

「家族にある事件が起きる。そのとき、家族のそれぞれはどう行動するか。創作してみよう」

というシナリオ・ライティングだ。

まず、どんな事件にするかを考えなければならない。

次に、家族の特徴的な動きについて考える。自分以外の誰《だれ》か1人のキャラクターを際《きわ》立《だ》たせるようなストーリーが面白い。

さあ、「家族劇」の脚本の創作だ。「脚本家（シナリオ・ライター）ロールプレイングゲーム」と洒落《しゃれ》込もう。

ここでは、生徒たちの作品のうち、父親のキャラクターがよく表れた2作品を紹介する。

【シナリオ例1】

（事件の設定／私がカレーを食べていたら、イカがのどに詰まって死にそうになった）

ナレーション　みんな食卓でもくもくとカレーを食べている。

私　ウッ！

妹　（驚いて）どうしたの？

私　（顔を真っ赤にして）イカが……のどに。

母　早く出しなさい！
私　死ぬ……ゥ。
父　…………（カレーを食べている）
私　ウッ！（ごっくん……飲み込んだ……助かった！）
母・妹　よかったねえ、ホントに。
父　…………（まだ、カレーを食べている）

【シナリオ例2】
（事件の設定／私が万引きをして捕まった）
ナレーション　母が引き取りに来る。家に着いてからも、ずっと私を無視する母。夜、父が家に帰ってきてから地獄がはじまる。
父　どうしてこんなことしたんだ!!（机をバンと叩《たた》く。私、ビクッと体を震わせる）
母　夕方ね、電話がね、かかってきて……もう、あたし、イヤだ。外、歩けない。
（エグエグと泣く。妹は自分の部屋に逃げている）
父　おまえ、とうとうドロボウにまでなったのか、ぁあ!?（私の胸ぐらをつかんでゆする。私「ゴメンナサアイ」とただただ泣くばかり）
母　あのねえ……（もう一度、どうやって電話が来たのかを繰り返す）
父　もういい！　なぐる気もせん。（手を放す）おい（母に）、メシ！　ああ、それ

私　と、おまえ学校やめろ！　高校にも行かんでいい。一生バイトして暮らせ！
父　えっ……やだぁ。
私　聞く耳持たん。むこうへ行け！
妹　…………（自分の部屋へ）
母　どうしたのぉ？（少し状況が落ち着いたと見て、居間に入ってくる）
　　あのね、お姉ちゃんがね（また、繰り返す）……あなたはね、お姉ちゃんみたいになっちゃダメよ。
父　（ご飯をほお張りながら）もういい、寝ろ!!
妹　は〜〜〜い。

　ちなみに、生徒が創作した「家族劇」の脚本の中では、父のオモシロおかしい態度（ひょうきんさなど、ほほ笑ましいもの）を表現したのが5人。父が何らかの存在感を示しているもの（頑張ったとか、コワかったとか）がそのほかに5人。一方、父の無関心（または部外者的態度）を表現したものが10人。同居しているはずの父（単身赴任の父は除く）が出てこないものなど含めて、全体の半分のお父さんの影が薄いという結果になった。
　中学2年生の娘という対象に、家族をネタにした脚本の制作を要望したのだから、父を描くなんて照れ臭くって当然だ。

この結果をとらえて、巷間《こうかん》いわれるように「父の存在感の危機」を声高に謳《うた》おうとは思わない。お父さんは忙しい。家にいるときくらい楽させて欲しい。それが大方のお父さんの本音ではなかろうか。

しかし、それにしても上記の作品に見るように、お父さんという存在、あるいは娘を持つ男というものは、概してコミュニケーション下手な状況が十二分に見てとれる。

「家族劇」の脚本を即興で劇にする

授業では2時限目に、各自が書いたシナリオをグループで回し読みして評価し、グループの代表作を決めさせた。そして、それをグループメンバーが寸劇にして全員の前で演じ、一番面白かった作品にグランプリを与えることにした。即興の「家族劇」コンテストである。

まず、各自の脚本の仕上げに10分。たいていは「ト書き」が不足しているから、「ト書き」を書き入れさせる。ついで、グループでの回し読みと1作品の絞り込みに10分。「配役」→「役作り」→「読み合わせ」→「リハーサル」までを10分で準備させて、本番に突入した。9グループが2〜3分演じれば、発表だけで、残りの20〜30分はかかる想定だ。

残念ながら紙幅の関係で、その様子を伝えることはできない。

しかし、ロールプレイングの極みである「自分の家族の演劇化」は、授業に導入するには格好の題材であることが証明された。

理由は以下の3つである。

①まず、たいていは、本当にあった事件が描かれるから、文句なく盛り上がる。

②現代の子供たちには、基本的に「ロールプレイングする力」が身に付いている。だから、10分で「配役」から「役作り」、「読み合わせ」そして「リハーサル」までやりなさいという一見無謀な要望にも十分に応《こた》えてくる。あっという間に他人を演じられる力は、結果的に、他人の気持ちを理解する力を強化するはずだ。

③家族というものの運営は、実はそんなに容易ではない。だから、いろんな失敗や事件や障害も生まれる。そのことに「さわらぬ神に祟《たた》りなし」として触れないでおく態度もあるが、一度関係性を図示したうえでこれを劇として演じてしまうプロセスは、子供たちのストレスを解き放つキッカケにもなる。

図示することで物事をいったん客体化して眺めることができるし、たとえ辛《つら》いことであっても、劇にして笑ってしまうこともできるだろう。

もちろん、ここで心理学的な効用について深く論じる気はないのだが、生徒の家族問題をタブー視するより、重松の描く等身大の家族像を教材にして、むしろ積極的に家族のコミュニケーション問題を扱うことで子供たちが得るものは、とても大きいように感じている。

講座❼のテーマ「関係」の発見

1　本文読解

本文から読みとるエイジの家族の人間関係を図示してみよう

◆人物の特徴

2　自分の家族の人間関係を表現してみる

右の例にならい、自分の家族の人間関係（部分でも可）を図示してみよう

◆人物の特徴

3　とらえた「関係」を実験によって確認してみる

家族にある事件が起きる。そのとき、家族のそれぞれはどう行動するか。創作してみよう

どんな事件か？	
家族の動きは？	

右の事件を脚本化してみよう

4 この授業で学んだこと・感想

講座❽「要約」と「編集」

そこここに転がっている「編集的な行為」

重松《しげまつ》作品『ワニとハブとひょうたん池で』と『エイジ』の2本立てを素材に学んできたコミュニケーション講座、今回は「要約」と「編集」の技術だ。

新聞や本に書いてあることや、自分が他人から取材したこと、あるいは、テレビのドキュメント番組で見知ったりネットで調べたりしたことを、あるテーマに沿って自分なりに要約し、編集してプレゼンすること。こうした情報の編集技術は、情報社会を生き抜くのに最も重要とも言えるものの1つだ。

要約する技術については、「下線を引いた文章を20字以内に要約しなさい」などと試験にも出るから、比較的馴染《なじ》みがあるかもしれない。参考書から試験にでる範囲の重要事項をノートに整理しておいたり、人の話をメモって頭に入れたり、読んだ本の主旨を軽く箇条書きにしておいたり……学生に限らず社会人になっても、内容を要約して整理し人に伝えることは日常茶飯事だ。だから、要約する技術については、学生のうちにきっちり身に付けておいたほうがいい。

編集する技術というのは、要約をメリハリを付けて構成《レイアウト》することである。たいていの場合は、ある意図をもって編集することになる。作家には作家の、出版社には出版社の、新聞社には新聞社の伝えたいメッセージというものがあり、それによって構成《レイアウト》の仕方は変化する。この例は、あとでじっくり見ていただくことにする。

プレゼンの技術については、プレゼンテーションのアウトプット方法が、書籍なのか、新聞なのか、雑誌なのか、テレビなのか、ラジオなのか……それとも企画書なのか、講演なのか、ＯＨＰやスライドなのか、黒板に書くだけでいいのか……あるいはホームページの中なのかケータイでのメールなのか、メディアのカタチによって変わってくる。

世の中では「要約し、編集し、プレゼンすること」を「編集する」と一言でいうことが多いから、この講座では一括して「編集する」と呼ぶことにする。

実は「編集」は、マスコミだけでなく、学生たちやビジネスマンや主婦や世の中のあらゆる人々が日常的に行っている行為だ。

たとえば、学生なら試験前には自分なりのノートを編集するだろう。重要なところにカラーペンで線を引いたり、イラストやチャートも貼《は》り付けたり。試験でいい点数をとるために、なるべく記憶しやすいように要約してマイ・ノートブックを「編集」する。

ビジネスマンなら、新規プロジェクトのための企画書を書くとき、専門家に意見を聴いたり、マーケティング調査のデータを分析したりして、その要約を簡潔でかつ説得力のある企画書に「編集」するだろう。

料理だって広義の「編集」だ。

編集とは情報の「料理の仕方」である

冷蔵庫に限定された素材がある。例えば、ニンジン、タマネギ、豚肉、ジャガイモ……そして「夕食まで、あと1時間、何を作ろうかしら?」とイマジネーションを働かす。あなたならトン汁を作るかもしれないし、私ならカレーライスかもしれない。なかには、ハヤシライスを思い浮べる人もいるだろう。素材をどう料理するかは、すべて個人の価値観に沿った「編集」作業だ。

そういえば、出版社や新聞社、テレビ局などのマスコミ関係者は、特集や番組をまとめるとき、よく、料理に関わる言葉を使う。「このテーマで、どう料理しようかね。〝切り口〟が問題なんだよな〝切り口〟が」という使い方だ。同じ素材でも、トン汁を作るときと、カレーライスを作るときには、ニンジンの〝切り口〟も確かにちがう。

さて、『広辞苑《こうじえん》』では「編集」を次のように表現している。「資料をある方針・目的のもとに集め、書物・雑誌・新聞などの形に整えること。映画フィルム・録音テープなどを一つにまとめることにもいう。」

要するに、「ある方針」のもとに材料や資料、データを集め、人が読んだり見たりするものに仕上げることが狭義《きょうぎ》の「編集」だ。

では、「ある方針」のもとに材料を集めて新聞を作る場合、その方針の違いによって、同じ野球の試合結果（つまり同じデータ）がどのように違って報道されるのか、実例をご覧いただきたい。

2002年7月に行われた巨人対阪神《はんしん》の3連戦を報じたスポーツ新聞、『スポーツ報知』（以下報知）と『デイリースポーツ』（以下デイリー）の大見出し（一面のタイトル）の比較である。

『デイリースポーツ』と『スポーツ報知』の一面見出しを比較してみると……

◆2002年7月6日付（左が報知、右がデイリー。以下同じ）

◆2002年7月7日付

◆2002年7月8日付

7月5日　阪神1対4巨人
【報知】松井　キング1差!!　特大17号!!　300号王手
【デイリー】虎《とら》よ　負けるな　屈辱4位転落　きょうこそG倒
7月6日　阪神2対12巨人
【報知】松井止まらん　100%優勝　中間点首位ターン
【デイリー】星野怒った　宿敵巨人に惨敗《ざんぱい》「アホらしゅうなる」
7月7日　阪神10対2巨人
【報知】立派だったぞ　真田《さなだ》　黒星デビュー5回6安打3失点
【デイリー】七夕祭だ　お返しG倒!!　10点　井川10勝　矢野V弾

同じ試合を報道しているとは思えない紙面構成（＝編集）である。写真も違う。知っている人も多いかと思うが、『報知』は巨人びいき、『デイリー』は阪神びいき。報知は読売系だし、デイリーは大阪をメインマーケットとしている。スポーツ新聞がとっている経営戦略は、このように特定のプロ野球チームに肩入れした報道をすることによって、そのチームのファンをコアな読者にする、というものだ。立場が変わると、こうも表現やとらえ方が違ってくる好例だ。

こうしてタイトルだけを比較して見てみるだけで、「**編集**」というのは、まさに情報の「料理の仕方」であり、その鮮やかさは「切り口」で決まることがわかる。

メディアの情報は「事実そのもの」でも「真実」でもない

では、一般の新聞社やテレビ局も、立場によって事実の伝え方がちがうことがあるのだろうか。

一般の新聞社は、「私たちスポーツ報知は読売巨人軍の味方です」とか「デイリースポーツは阪神が大好きです」的な看板は、表向き掲げていない。

それどころか、日本新聞協会が定めた新聞倫理綱領には、「報道は正確かつ公正でなければならず、記者個人の立場や信条に左右されてはならない。」とあり、放送倫理基本綱領にも「報道は、事実を客観的かつ正確、公平に伝え、真実に迫るために最善の努力を傾けなければならない。」とある。

さて、ここからが問題だ。

私たちは、新聞やテレビなどのメディアに接する時、それらが特定の立場に立った「ある方針」など掲げていないと何となく考えてしまい、報じられている記事を「ほぼ事実」だと思い込んでしまう傾向がある。ある出来事を取材しているのは、1人の、あるいは複数の記者（会社員）であり、新聞社（会社）が伝えた時点で、その記事には記者個人の意図や会社の特定の方針がメッセージとして載せられているのは当然なのに。

本当は、スポーツ新聞を開く時と同じ心がまえで、「まあB新聞なんだから」とか「Cテレビのいうことだから」と、読者はクールに記事や放送と接するべきなのだろうけれど、なかなかそれが難しい。

それでも、私たちが新聞で読んだり、テレビで見たり、人から聞いたりするものは、「事実そのもの」ではなく、「真実」でもなく、「誰《だれ》かが編集した情報」であることは、十分承知しておくべきだろう。

この場合の「誰かが意図した編集上の方針」のことを、世の中では、編集方針という。

大手新聞でもこれだけ違う!

では、実際、流通部数数百万部を誇る大手新聞の見出しを見比べてみることにしよう。ここでは『朝日新聞』（以下朝日）と『毎日新聞』（以下毎日）を例にとる。

２００２年9月17日、小泉首相が日本の首相としては初めて北朝鮮を訪問し、金正日《キムジョンイル》総書記と会談した。朝日と毎日は、17日の夕刊でその模様を報じた（カッコ内は見出しの大きさ）。

まずは、一面トップから。

【朝日】
（大）日朝首脳が初会談
（中）「近くて遠い国に終止符を」総書記
（小）拉致など懸案協議
【毎日】
（大）日朝首脳が初会談
（中）首相「拉致」解決を要求
（小）北朝鮮、午後に回答　核、ミサイル、清算など協議

見出しを比べると、「初の日朝首脳会談」という事実に対して『朝日』は総書記の談話を（中）見出しにして、「拉致問題」を（小）見出しで扱っている。「拉致問題」より「国交正常化交渉の再開」を優先する編集方針だ。だからだろう『朝日』は、小泉首相と金総書記がやや微笑《ほほえ》んでいる写真を使用した。

社会面を開くと、両社の編集方針には、さらに大きな違いが見える。

『朝日新聞』と『毎日新聞』の社会面比較

2002年9月17日夕刊。上が『朝日』、下が『毎日』。

19 4版 2002年(平成14年)9月17日 朝日新聞 (夕刊)

歴史刻む初対面

握手の首相 表情は硬く

総書記、笑顔で意気込み

国後入札不正

元分析官、無罪を主張

物産社員ら事実認める

元従業員を逮捕

南京中毒 香港報道

9 4版 2002年(平成14年)9月17日(火曜日) 社会 事件 ひと 話題

「顔見たい 声聞きたい」

日朝首脳・初会談

小泉さん、みけんにしわ

【朝日】
（大）歴史刻む初対面
（中）握手の首相　表情は硬く
（小）総書記、笑顔で意気込み
【毎日】
（大）「顔見たい　声聞きたい」　拉致家族　長い一日（写真は、東京の議員会館で首脳会談の報告を待つ、悲痛な顔をした拉致家族のカットなどが5枚、大きく使われている）

『毎日』は、日朝会談を報ずるに際して、一番の関心を「拉致問題」に置いていた。被害者家族の永年のつらい思いを、とにかく強く伝えたかったからだろう。つまり『毎日』は、被害者の立場に立った編集方針。『朝日』は、日朝国交正常化をスタートさせたいという編集方針が強かったといえる。

ただし私は、ここでどちらの編集方針が正しいかとか、どちらがより効果的かを論じるつもりはない。どちらに正義があるか、真実があるかも論じない。

それより考えてほしいのは、『朝日』だけを読んでいる人と、『毎日』だけを読んでいる人とで、日朝会談のとらえ方が微妙にちがってくるということだ。メディアの影響力の大きさのことである。

記事を取材・編集した人の「立場」「ものの見方」「個性」や、それを報道・出版する会社の「編集方針」「政治・思想的ポジション」が、そのまま読者の「事実に対する理解の仕方」に反映されていく。

普通の家庭では新聞は1紙しかとっていないことが多いから、ある人は『朝日』の切り取る世界を世界観とし、また、ある人は『毎日』の切り取る世界を世界観として、世の中を見ることになる。

それでも新聞は私たちにとって重要な情報源のひとつだ。ネットでの配信を含めて、たいていの人は手放すことができないだろう。

だから、ときどき複数紙を読み比べてみたり、ちょっと距離を置いて眺めてみることも必要になってくる。

『エイジ』のなかでは新聞はどう扱われているか

『エイジ』のなかでは、オマセのタモツくんが、次のように新聞メディアの特質を喝破している。

どの新聞にもタカやんのことが大きく載っていた。

最初はみんな「タカやん、チョー有名人じゃん」なんて盛り上がっていたけど、記事をよく読んでみると、じつはタカやんは主役じゃなかった。

どの新聞も、通り魔が十四歳の少年だったことに驚き、その驚きを読者と分かち合おうとしていた。タカやんは、顔も名前も出ていない。どんな奴だったかについても「公立中学に通うごくふつうの生徒」程度しか書いていない。呼び方は「少年」か「A」。それをすべて「石川貴史」に置き換えてみても、ぜんぜんタカやんにつながらない。犯行の動機も、ストレスとかマンガの影響とかゆがんだ性欲とか、いろんなことを並べ立てていたけど、どれもタカやんがじっさいに話したわけじゃない。

だからなのか、記事を読んだあとも、なにかがわかった、という感じがしない。胸がやもやする。タカやんが警察に捕まる前、正体のわからない通り魔について話していた頃のほうが、よほどすっきりしていた。

みんなが読み終えた新聞を、自分の席で本を読んでいたタモツくんに持っていった。タモツくんは「べつにいいよ、スポーツ新聞なんて」と気乗りしない様子だったけど、「まあ、ちょっと読んでよ」と頼むようにして渡した。

タモツくんは面倒くさそうに記事をざっと読んで、「ふうん」とうなずいた。

「なんかさ、犯人なんて誰でもよかったって感じしない？」と声をかけると、「そんなのあたりまえじゃん」とあっさり返された。

「未成年だから、やっぱり詳しく書くとヤバいのかなあ」

「それもあるけど、ようするにさ、誰でもいいんだよ。犯人が中学生だったたってことが、今回の事件のウリなんだから」 20

授業では、『エイジ』のテキストをもう一度読み込ませてから、以下の4点について順番に考えさせ、その後に、自分がこの事件を担当した記者だったら、どんな記事に編集するか、「新聞記者ロールプレイング」を行なった。

実際には事件の詳細を記事に書くのではなく、おおまかな紙面の割り付け（レイアウト）と大見出しを配置するに過ぎないから、記者ロープレというよりは、「編集者（新聞社の場合にはデスク）ロープレ」といったほうがピッタリくるかもしれない。

事前の頭の体操として、まず、

①本文中から読み取れる「事件についての事実」を書きだす――

これは、「要約」という作業になる。

――通り魔の犯人は市内の公立中学校に通う生徒

――二十何人も襲った

――その中には妊婦がいて、流産してしまった事件もある

などなど、簡単に事件を要約する。できれば箇条書きがよい。次に、

②新聞の読者はいったい何を知りたいだろう――

ということで、読み手に想像力《イマジネーション》を働かせる。
――犯人はどんな子なのか？
――これで、事件は本当に終わったのか？
――もし、通り魔にあったら、今後はどうすればいいか？
などがリストアップされる。では、そんな疑問を持つ読者に対して、
③自分が新聞記者だったら読者に何を伝えたいか――
を考えなければならない。今度は自分の考えを要約する番だ。
――事件の全容をわかりやすく簡潔に説明
――犯行の動機、目撃者の証言、被害者のその後
――読者の中には悩みのある人もいるだろうから、相談所の窓口を紹介
などと、生徒たちは書きだしていった。
では、その前提で記事を書くとしたら、
④どのような取材や資料が必要か、挙げてみよう――
と問いかける。
――いつ、誰が、何を、どこで、何故《なぜ》、どのようにやったのか？　5W1Hをリストにする
――犯人の日常を知っている人々に取材する

——二十数ヶ所の犯行現場の地図マッピング

などの要点があがっていれば、編集への準備作業は完了だ。

通り魔事件を記事にして「編集」する

こうした準備をしたうえで、生徒たちには、B5判よりやや小さい枠に紙面の割り付けを行ない、タイトルを付け、だいたい何を描きたいかを表現する「編集者ロープレ」を実施した。

「よのなか」科の常套《じょうとう》手段である、①まず自分1人で考えさせ、②ついでグループで意見交換しあったうえで、③グループで一番優れているアイディアを結集して、グループ案としてプレゼンテーションする、という段取りを踏む。

こうして国語の時間にもグループで意見交換する時間を設けることで、各人のアイディアやセンスが刺激剤となり、グループで知恵が共有され、思わぬ成果が生まれることを生徒自身が体験するのだ。

「通り魔は中学2年生！」「14歳少年、大きな犯行」などの素直な大見出しが多い中、「流産は殺人ですか？」という大胆な見出しを付ける生徒も現れた。

「通り魔中学生、親を見て号泣」というユニークなタイトルを大見出しにしたチームもある。

さらに、「犯行現場を全《すべ》て×印でプロットした詳細地図」を付けたり、「今まであった中学生が起こした事件の年表」を配したりするチームも。

「編集者ロープレ」で他のグループのプレゼンを続けて受けているうちに、生徒たちは「切り口」の鮮やかなものが人を惹《ひ》き付けるし、もっと読んでみたくもなることを納得する。

「切り口」こそ、正式には「編集方針」と呼ばれるけれど、タモツくんの言葉を借りれば、「ウリ」につながるものなのである。

講座❽のテーマ　表現と事実

1　本文読解

どの新聞にもタカやんのことが大きく載っていた。

最初はみんな「タカやん、チョー有名人じゃん」なんて盛り上がっていたけど、記事をよく読んでみると、じつはタカやんは主役じゃなかった。

どの新聞も、通り魔が十四歳の少年だったことに驚き、その驚きを読者と分かち合おうとしていた。タカやんは、顔も名前も出ていない。どんな奴だったかについても「公立中学に通うごくふつうの生徒」程度しか書いていない。呼び方は「少年」か「A」。

（中略）

タモツくんは面倒くさそうに記事をざっと読んで、「ふうん」とうなずいた。

「なんかさ、犯人なんて誰でもよかったって感じしない?」と声をかけると、「そんなのあたりまえじゃん」とあっさり返された。

「未成年だから、やっぱり詳しく書くとヤバいのかなあ」

「それもあるけど、ようするにさ、誰でもいいんだよ。犯人が中学生だったってことが、今回の事件のウリなんだから」

本文中から読みとれる、事件についての事実を書き出そう

新聞の読者はいったい何を知りたいだろう

自分が新聞記者だったら読者に何を伝えたいか、書いてみよう

記事を書くとしたら、どのような取材や資料が必要か、挙げてみよう

2 新聞記事の作成

タカやんの逮捕を新聞記事にまとめよう

3 この授業で学んだこと・感想

講座❾　ネット・リテラシーを高める

「よのなかフォーラム」（掲示板）での9・11テロ事件直後のやり取り

著者の藤原が主宰しているホームページ『よのなかｎｅｔ』（http://www.yononaka.net）の掲示板「よのなかフォーラム」には、私の本の読者ばかりでなく、教育に対して改革意識の高い父母や先生、あるいは研修で講師に出向いた先の受講者から面白い便りが寄せられたり、議論が起こったりする。

１９９９年の9月からスタートして8年以上経《た》ち、年間アクセス数が１００万を越えている掲示板なのだが、２００１年9月11日の同時多発テロ直後に交わされたネット上での対話には印象深いものがあった。

ここでは、そのいくつかを、そのまま（多少読みやすく編集してあります）掲載することで「掲示板」というインターネット上のメディアが、国語教育にも十分利用できる可能性を体感していただこう。

同時多発テロ問題について掲示板で発言した登場人物は多岐にわたるのだが、当時私が週に一度通っていた足立区立第11中学校で、［よのなか］科の授業を受けていた生徒の1人、宮本貴文君（当時中学3年生）との対話を中心に眺めてもらう。臨場感があったほうがいいと思うので、余計な解説は抜きにする。多少、前後の事情がわかりにくいところがあるかもしれないが、そこは御勘弁願いたい。

なお、［ ］内のナンバーは発言ナンバーで、投稿者：カズは、私自身のハンドルネームである。

宮本君との対話

［807］投稿者：カズ　投稿日：01／09／12

「プロジェクトX」を観《み》ていましたので、そのまま10時から約3時間CNNとNHKを交互に見続けました。マンガでしか起こらないはずのことが、目の前で起こると、人間は思考停止してしまいます。

今朝は、新聞のカラー写真を眺めている息子に「なんで、こんなことを起こすんだと思う?」と聞いたら、「わからない」といって、足早に学校へでていきました。

私はキリスト教の信者ではありませんが、いまは、祈るしかないのかもしれません。

【825】投稿者：宮本　投稿日：01／09／15

今回、ぼくのホームページに載せたいニュースは、アメリカの同時多発テロ事件です。とりあえず、一通りの事件の経過はもう書きましたので、解説を宜《よろ》しくお願いします。

【827】投稿者：カズ　投稿日：01／09／15

この掲示板を訪れた方々に宮本君を紹介します。

彼は、私がほぼ毎週通って社会科の杉浦元一教諭とともに実践している、「よのなか」科（中3の選択社会）の生徒です。自分でホームページ（HP）を作り、運用しているデジタルキッズのひとりって感じかな?　彼から要望がありまして、授業とは別に「課外授業」で、彼のホームページに時事問題について「藤原さん、質問です」のコーナーを作るので答えてほしいというのです。

私と彼との2方向だけのやりとり（もしくは彼のHPの読者だけとの交流）になるより、この掲示板に質問を書き込んでもらって、このページを訪れてくださる大人が気ままにそれに答えていく方が、なんかいい感じだなあと思ったものですから、彼にもそのように提案したというわけです。

宮本君にふたたび、条件をハッキリと提示します。

①宮本君自身が、この掲示板に「質問」内容を書き込むこと。

②そこに、私が応《こた》えたり、他《ほか》の大人が応えたりしますが、私の応えたものについては、君のホームページに転載自由です。むしろ、君のHPを訪れた友達の意見を逆にこの掲示板にコピーしてくれてもいいですね。お互い刺激になるし、両方のHPの読者のブリッジ（架け橋）に君がなってくれれば面白い試みになるでしょう。

③ただし、私がここに書き込むものは、「応え」と書いたように、けっして「答え」ではありません。この２つの漢字の意味をよく嚙《か》みしめてみてくださいね。私は、君たちに「正解」や「真実」をいいません。あくまでも、私個人の価値観のフィルターを通した「私はこう思うという意見」であり「私個人の解釈」ですから。「これが答えだ！」とか「これが唯一の正解だ」というわけではありませんよ。

私の意見を参考にするのはいいのですが、最後は、宮本君や、宮本君のHPの読者が、自分なりの解釈をそれぞれにしてくれることを期待します。そういった、自分なりのイマジネーションを是非、働かせてみてくださいね。

以上の条件に合意ができたなら、さあ、具体的な質問をしてください。

「今回の一連のテロ行為」を宮本君は、どのようにまとめてみたのですか?

【828】投稿者:宮本　投稿日:01/09/15

藤原さんへ

質問1＝ブッシュ米大統領は、この事件のことを「戦争行為だ。」と発言していますが、なぜこの事件が、戦争行為なのですか?

質問2＝この事件の黒幕として、イスラム過激派の指導者であるオサマ・ビン・ラディン氏を犯人としてあげていますが、どうしてこの人が犯人の候補としてあげられているのですか?

質問3＝これから、国際戦争は起こるのですか? 以上が質問です。宜しくお願いします。

【830】投稿者:カズ　投稿日:01/09/16

＞質問1＝ブッシュ米大統領は、この事件のことを「戦争行為だ。」と発言していますが、なぜこの事件が、戦争行為なのですか?

これも、前に教えた「解釈」の一つです。

人間は、起こった事実に対して、そのときの状況や立場、自分自身の価値観や世間的な価値観の流れ（世の中では世論ともいいます）によったフィルターを通して理解し、その事実を解釈します。

ブッシュ大統領は、アメリカ国民を代表して、この事件をアメリカに対する宣戦布告と解釈し、アメリカ人の（あるいは我々を含めた特に先進国といわれる国々の人々の）怒りを代弁しました。

テロとはいっても、数千人規模の犠牲がでているわけですから「絶対に報復する！」という気持ちは、ニューヨーカーでなくても持つでしょう。

＞質問2＝この事件の黒幕として、イスラム過激派の指導者であるオサマ・ビン・ラディン氏を犯人としてあげていますが、どうしてこの人が犯人の候補としてあげられているのですか？

アメリカという国は、日本とは比較にならないくらい世界中に経済的な利権（儲《もう》けのもととなる商売）があります。中東地域での石油油田の開発などもそのひとつ。さらに世界の商売ではドルが通貨として使われているのは知っていると思いますが、アメリカが世界の自由主義、あるいは資本主義の番人ともいわれていて、世界経済が上手《うま》く機能するかどうかに始終気を配っています。

そのためにＣＩＡを初めとする情報機関が常に世界中の動きをウォッチしていて、自分たちの利権や世界の貿易に対して危害を加える恐れのある人物、テロ行為を世界中で展開している人物をリストアップして調査しているのです。

ビン・ラディン氏もその一人で、今回の犯人のなかに彼の派（彼をリーダーとして信奉するグループ）の人たちが多く含まれていたと報道されています。

＞質問3＝これから、国際戦争は起こるのですか？

ビン・ラディン氏をかくまっているとみられるタリバンがビン・ラディン氏をアメリカには引き渡さないといっているようです。規模は分かりませんが、まず、局地戦でアメリカは攻撃を仕掛けるでしょう。

ちょっと、ここまで言っていいのかどうか迷ったのですが、やはり、触れましょう。歴史の裏側では、私たちが表から見ることができないダークサイドの経済も動きます。アメリカの武器産業にとっては、この機会に、どこかでミサイルや爆弾をたくさん使って、いまある在庫を一掃してしまえば景気が良くなると考えている会社もあるかもしれない。

ところで、宮本君、あなたがアメリカ大統領だったら、報復攻撃をしますか？

ビン・ラディン氏側がこの攻撃からのがれたとして、第二、第三のテロが起こる可能性については、どう考えますか？

「目には目を」「刃には刃を」という考え方は、今回の場合には、正しいと考えますか？

［831］投稿者：宮本　投稿日：01／09／16

ご協力ありがとうございました。今週分はホームページにアップさせていただきました。藤原さんの質問に答えさせていただきます。

①あなたがアメリカ大統領だったら、報復攻撃をしますか？⬇アメリカの法律で裁きたいです。いずれにしても、戦争だけは免《まぬが》れる報復攻撃をしたいです。

②ビン・ラディン氏側がこの攻撃からのがれたとして、第二、第三のテロが起こる可能性については、どう考えますか？⬇この攻撃がまだ続くのであれば、戦争という措置をとるかもしれません。

③「目には目を」「刃には刃を」という考え方は、今回の場合には、正しいと考えますか？⬇正しいと思います。なぜなら、人の命を虫けらみたいに攻撃したのですから。

［834］投稿者：カズ　投稿日：01／09／16

追伸　宮本君

前回の私の答えの中で、日本語の間違いがありましたので、訂正します。

「タリバン」は「タリバーン」、「刃には刃を」は「歯には歯を」が正しいようです。後者は、厳しい砂漠の自然の中で育ったイスラム教のコーラン（キリスト教のバイブルにある聖典）にある教えだといわれています。
＞①あなたがアメリカ大統領だったら、報復攻撃をしますか？
＞⬇アメリカの法律で裁きたいです。いずれにしても、戦争だけは免れる報復攻撃をしたいです。

実際に戦闘をはじめるまえに、まずアメリカ大統領は、犯人を探し出して、アメリカの法で裁くと宣言していますね。法治主義（絶対主義の王様が自由勝手に人を裁くのではなく、法にのっとって罰する現在の先進国の考え方）の原則でいけば、宮本君が言うような順番こそ正しい手続きになります。

このやりとりを覗《のぞ》いてくださっている大人の方々にちょっと前後の事情を話しておいた方がいいかもしれませんね。

実は、先週の水曜日（01年9月12日）に宮本君が通う中学校の［よのなか］科の授業で、「シムシティ」というシミュレーションゲームを体験してもらい、市長になって都市計画を疑似体験してみた上で、税金というものの機能を理解してもらうカリキュラムをやりました。（なお、［よのなか］科の授業の様子について知りたい方は『世界でいちばん受けたい授業1・2』〈小学館〉か全国［よのなか］科ネットワークのＨＰにあるビデオをご覧下さい。）

その際、前日の夜にあの衝撃的な事件が起こったので、最初の10分を使って、私から生徒たちに、市長の疑似体験の延長として、次のような質問をしてみました。

「あなたがニューヨークの市長だったら、今、事件が起こってから15時間ほどたちますが、記者会見で、どんなことを記者に向かって言いますか？

いままでは救助作業の指揮で全くそんな余裕はなかったんですが、もう記者たちに公式会見をしなければ限界です。テレビで市民に呼びかけることも含めて、何を訴えますか？

市長という職にある以上、友人を多数失ったからといって泣いてばかりはいられないし、市民はみな、あなたのメッセージを待っているはずですから」

中3の生徒にはちょっと難しい課題でしたが、生徒たちはそれぞれ戸惑いながらも「他国からの援助を要請したい」「まだテロが続く可能性があるので警備を強化したい」「なくなった人々に黙禱《もくとう》を捧《ささ》げたい」などとノートに書き入れていました。

私は家を出る直前（事件から13時間後）CNNで見た実際のジュリアーニ市長の談話からポイントを抜き出して、このような非常時にリーダーとしてどんなことを訴えるのが大事かを説明しました。

実際には次の3点です。
①ニューヨーカーの皆さん、明日はなるだけ家にいて家族と共に過ごして欲しい。
（出て来ても混乱するだけだし、実際交通機関も使えない）

②ボランティア等の援助については、今は足りているので必要ない。（続々とニューヨークに乗り込んでこられても対応できない）

③事件とは無関係のニューヨーク在住のアラブ人やイスラムの人々に危害が加わらないようにしたい。犯人探しはわれわれの仕事ではない。それは合衆国としての仕事だ。（もし、危害が加わる恐れがあれば、我々の警察はそれに対処する用意があるとはっきり告げました）

これに加えて、ざっと被害状況と夜間に入っての救出体制を説明し、郊外の家に帰れない人々のためのシェルターの場所を説明して、会見を終わりました。

授業の最後には、いつも授業の感想を書かせるのですが、この日は、もう一度、この事件を蒸し返して、「今日は特別に、この事件とあなたとの関係を書いてください。とはいっても、あなたたちが犯人と関《かか》わり合いがあるって言ってるわけじゃあないよ（笑）。この事件の影響が自分たちの生活にどんな影響を及ぼしそうかってことに想《おも》いをめぐらせてみてください。夏休み前に習った円高や円安についてはどうかな？　ハンバーガーは影響受けるだろうか？　証券取引所は閉じちゃったらしいよ」といって、自分の考えの記入を促しました。

「食べ物の輸入に影響が出そう」「不景気になって親がリストラされたら高校や大学にいけなくなる」「日本の株も下がって、収入が減って、お小遣いも減りそうな感じ」「物価が高くなるかも」「税金が高くなるのではないか」「日本にも戦争が飛び火する？」「第2次世界大恐慌《だいきょうこう》？」「マネをする奴《やつ》がでてくる」「消費税が上がる？」……といった意見が出ていました。

宮本君のこの掲示板への登場には、そんな背景があったのでした。

さて、宮本君は、その後、もっとゆっくり、そして深く「あなた自身とこの事件との関係性」（あなた自身の生活にどんな影響があるか）を考えてみましたか？

家で、そんな話をしたことはありますか？

また、しばらくして、明らかな影響が出るようだったら、それもあわせてレポートしてみてくださいね。

親たちとの対話

【839】投稿者：ありきた　投稿日：01／09／18

「目には目。歯には歯。手には手。足には足。やけどにはやけど。傷には傷。打ち傷には打ち傷。」

これは旧約聖書にでてくる言葉で、本来は報復を意味するものではありません。罪を犯した場合に償う方法を示したものです。

ですから相手の目を損なった場合には、自分の目で償いなさいという意味です。モーセがシナイ山で神様から与えられた言葉の一つで出エジプト記に出てきます。有名な十戒に続くものです。

うちの中3の子どもが、「戦争になるの？　日本も攻撃されるの？　何も悪いことをしていないのに殺されるの？　貧乏になってもいいけど、戦争はイヤだよ」と言っています。

日本にも米軍基地があり、一昨日から飛行機やヘリコプターの発着が異常に増えていて、かなり離れた場所にあるうちでも耳が痛いほどの轟音《ごうおん》が毎日響いてきます。子どもの不安は無理もありません。私も大丈夫だとは言えません。小泉首相がアメリカを支持すると明言したのですから。相手から見たら、敵と思われているかもしれません。

テロは無差別に市民を殺す、という意味では、日本も対象になり得ます。

【838】投稿者：カズ　投稿日：01／09／18

宮本君へ。

さらに別の大人の意見を紹介しましょう。

永福町にある小学校で、私と一緒にパソコンを使った小学生の情報学習を支援しているお父さんたちが、連絡用に作ったメーリングリストで、こんな議論をしています。

お父さんの一人、木村泰夫さんの投げかけを、ご本人の許可を得て、ここに転載します。

「報復やむなし」という大人だけじゃあないということを知って欲しいからです。

なお、木村さんは、事件直後はやはり自分も「報復やむなし」派だったそうです。その後奥さんとの対話の中で、報道を冷静にチェックするようになり、あれっ、ちょっとおかしくないかいと気がついたそうです。正直にご本人から、宮本君に伝える場合は、ご自分の気持ちの揺れ戻しについても付記して欲しいという要望がありましたので、あえてここで触れておきます。

大人たちは、このように議論を重ねながら、唯一の絶対的な「正解」などないものごとに対して、一歩一歩納得できる「納得解」を見つけようとします。自分の意見と他人の意見を混ぜ合わせて、もっと深い考えを構築できるようにコミュニケーションする努力をしているんです。

以下「永福小学校コンピュータ倶楽部《くらぶ》」のメーリングリストより転載しますね。

木村です。

日夜、同時テロの報道が繰り返されています。

ところが、報道の内容は、戦争を前提とした「軍事評論」の他、日本への経済的な影響ばかりです。

私も当初は、その事件の大きさから、米国の「報復行動」も当然のように思っていましたが、アラブ世界での過去の経緯を考えると、複雑な心境です。

本来、マスコミの役割には、多面的な事実を正確に報道すること、さらに、ジャーナリズムの観点から、事実に基づいたメッセージを送ることがあります。米国の「報復」を前提とした世界政治の動きに対し、米国内でも存在する「報復行動」の反対派を正しく取材、報道することもその一つでしょう。

「一切の戦争を放棄した」はずの日本国としての世論を再形成し、日本政府の短絡な迎合へ一石を投じる番組があってもいいように思います。

唯一、私の視聴した番組の中で、日曜の夜に放映された、「ザ・スクープ」という報道番組が多面的な視点で構成されていました。が、皮肉なことにこの番組は、本日の放映をもってゴールデンタイムから姿を消すそうです。

妻とも話しましたが、ベトナム戦争の時の「ジョン・レノン」のような存在が、賛否両論あるとはいえ、今、必要なのではないでしょうか。

テロリズムの結果が戦争になることは、テロリストが最も望むものではないでしょうか？

とはいえ、今回、テロリストの起こした結果は、犯罪というにはその規模が大きすぎ、既存の「法」の想定する範囲を超えたものであるとも思います。故に、当事国である米国の報道が「報復行動」への流れを形成することは、やむを得ないとすれば、日本の報道こそ「抑止」する役割を持てる立場にあるように思います。

【845】投稿者：カズ　投稿日：01／09／20

（注：この掲示板を見ている、ある父親からの発言を受けて）

＞「アメリカがやっていることって？」

＞そこで詰まってしまいました。

＞当然今回のテロは全く許せない行為です。

＞でもなんで彼らがテロ行為に走るのか、という部分については、

＞自分でも情けなくなるほどキチンとした説明は難しい。

＞単なる人殺しが好きな狂信集団と言ってしまえば簡単なのですが。

やっぱり「アメリカがしたこと、していること」もちゃんと教えないと、どうも、気持ちが悪い説明にならざるを得ないなあと感じます。正直言って、すっごく難しいのですが……。

そうすると、最低限でも、

①なぜ、中東の石油の油田はアメリカやヨーロッパの資本によって開発されたか？したがって、石油の利権は、本来もとから住んでいたアラブの人々ではない人間によって握られているという歪《ゆが》んだ構図を説明する。
②ここから、前回の湾岸戦争が何故《なぜ》起こったか？　イラクのフセイン大統領だけが悪いのか？
③日本の石炭や金鉱、あるいは、農業や漁業の利権が戦後アメリカに押さえられ、すべてアメリカ資本に握られていたら、我々日本人はどう感じるだろうか？
④何故、イスラエルという国が建国されたか？　パレスチナ難民とは誰《だれ》のことか？何故、アメリカはイスラエルを支援するのか？
⑤それらのことと、湾岸戦争当時、サウジアラビアにいて、それまではアメリカと友好的で、むしろアメリカの軍事教育を受けてアフガニスタンでソ連軍と闘っていたはずのビンラディン氏が、何故、アメリカに刃《やいば》を向けるようになったのか？

という関係をすべて説明しなければならないでしょうね。

最後に、それらの、ある意味では悲しくも合理的な国と国との力関係の話とは別に、「テロ」というものが存在する、人間の闇《やみ》の部分もです。

あまりにも、親には荷が重すぎる気がしますが。

［859］投稿者：カズ　投稿日：01／09／21

（注：同じく掲示板を見ている、ある学校の先生の発言を受けて）

＞はじめまして。わたしは、私立中高の国語の教員をしています。

＞わたしは、職業がら、「戦争」とか「正義」とか「宗教」とか、

＞そういうことばを各自が自分の解釈のもとに、あるいは無意識に、

＞あるいは意図的に使用していることに強い違和感を感じています。

特にアメリカという国が「正義」という言葉を使ったとき、いつも、危ない感じになりますね。これほど、はっきり言って、ウソ臭い言葉はないですから。

「宗教」の本質は遠藤《えんどう》周作さんの『沈黙』に描かれていると思いますし、「正義」の意味はありきたさんが前に奨《すす》めてくれた『白の闇』に描かれていると思います。これを読むと、「正義」とは、悲しいくらい「多数」のことだと、よくわかります。

言い忘れました。

そのアメリカも、一人一人のアメリカ人をみたとき、あのような惨事を前にして、救出や復興に全力を挙げている姿を見れば、ほんとうに尊敬できる人、人、人です。消防の人々の勇気と、そのうらはらの悲惨とには、言葉もありません。

掲示板やメールでのやり取りを授業に使う

こうした掲示板上のやりとりを見た品川女子学院の神谷岳《かみたにたけし》・国語科教諭は、［838］番の発言にある木村泰夫さんを中心に交わされた「対話」を授業に使うことを考え、実際に授業を実践した。

大人たちの対話、意見交換、試行錯誤のプロセスを、そのまま教材として使える可能性を探ったわけだ。

以下に授業を終えての神谷先生の証言を記し、この講座の結びとする。

――2001年の冬、高校3年生の担任をしていた私は、大学受験まっただ中のクラスの生徒たちから何通もの電子メールを受け取っている。

「調査書の封筒を先生の机に置いときました。先生来てないんだもんなぁ。困っちゃったよ。」

「早めに寝て朝早く起きる様にしてるので元気いっぱいですよ♪」

「不合格でしたぁ？　日本史ないからやる気もりもりだったのにー。今日の上智《じょうち》もさっぱりふるわなかったです。たいへんです大騒ぎです。」

「なんだかどこにも受からない気がする今日この頃です。でも落ち込んで可能性をなくしちゃいけねえってまいちゃんがいってました。やる気がめっきり減ったけどあと1週間がんばりまうす。」

「合格しました。以上です。お騒がせしました。」

冬休み中、急に追加して受験することになった大学に提出する調査書をたまたま私の不在中に申請しに登校した生徒からのメール、試験直前の近況報告、合格不合格の報告などなど、今見返しても、あのとき、電話に加えて電子メールを連絡手段にしてよかったと、私は思う。

電話では話しづらい。かと言って手紙でやりとりするほど時間がない。そういうときに、電子メールは絶妙の距離感とタイミングでコミュニケーションを成立させてくれる。

しかし、それ以上に、これらのメールにはそれぞれ独自の文体があり、そのため私には書き手の顔が見えるような気がした。親密な手紙の文体や、あるいは電話や会話の話し方の特徴のようなその人固有のものが、ここにはある。

これだけ、メールによるコミュニケーションが普及してくれば、そのルールとはなにかを中学生や高校生にも教えなければならないだろう。それを身につけるには、どうしたらいいのか。私は、授業である試みをしてみた。

2001年の9月、米国であの同時多発テロが起きたとき、私の身の回りでも様々な意見が飛び交った。私は、子供の通う学校の一部保護者が組んでいる情報共有と親睦《しんぼく》のためのメーリングリストに加わっており、そこでも、いくつかの意見の表明がなされた。

私はそれを、授業に使わせてもらうことにした。

そもそも、日本では、手紙のやりとりを教材に使った教育が昔から行われてきた。室町時代末期ころから江戸時代の寺子屋に至るまで、主に庶民の生活に密着した教材として、手紙は格好の題材だった。催しへの参加の返事や、訴訟の手続き、商取引の依頼といった生活の中の実際のやりとりを題材に、文字の書き方だけでなく、季節の挨拶《あいさつ》から効果的な依頼の仕方まで、社会生活上の知恵と知識をそこで学ばせていた。直接に会話する以外の、ほとんど唯一のコミュニケーション手段であった手紙は、まさに、人と人とのやりとりのルールの宝庫だった。

実際には、木村さんを中心としたメーリングリスト上でのやりとりをコピーして資料として配り、コミュニケーションにおけるルールについて生徒たちに議論させることにしたのだ。

これらは、ふつうの大人が、日常生活の一部として行ったやりとりである。作為はない。授業で使うという前提もない。伝えたいことを伝えたいように書いて送ったものだ。

しかしここには、我々が自分の意見を表明し、かつ、意見の異なる人とでも気持ちよく暮らしていくための努力と、そのためのルールが見える。

私はそれを授業で問いかけた。

生徒たちは、意見の多様さと、友人同士の大人たちが違う意見を述べ合うありよう、しかもそれが文章として完結していることに一様に驚きの声を上げていた。

もちろん、対話から取り出したいくつかのルールが、どこででも通用するわけではない。しかし、これらのやりとりにおける意見の出し方や反論の出し方に、どのような知恵があるか、配慮があるか。表明のハウツーとして項目を覚えるのではなく、よく観察して考えることを私は生徒に課した。

そして、実際にこのメールを書いた大人に、自分も何かを問いかけてみることができること。勇気があれば、やりとりに加わってみることもできること。そうやって、ときには自らが異質なコミュニケーションの場に身を置くことが大切なのだと強調した。

携帯電話を使い、自由自在にメールでコミュニケーションをする中・高生たちは、確かに自分の文体を身につけ始めているように思う。

しかし、その「文体」が、どのような場でのコミュニケーションにも合うものになるためには、彼ら彼女らがより開かれたコミュニケーションの場に出て行くことが必要だ。

開かれたコミュニケーションの場には、当然、世の中にいる確率と同じように、悪意やイタズラ心を持つ人間も存在する。そのとき、身近な大人たちが良質のコミュニケーションのありようを実地に見せておくことは、大きな意味を持っているに違いない。

地域社会と結びついた掲示板メディアの有効利用。それが、「ネット・リテラシー」教育で一番大切なことではないかと感じている。

特別講座

読書感想文が「苦手」なあなたへ

重松　清

国語の嫌いなひと——特に、読書感想文というヤッカイなしろものに蹴《け》つまずいて嫌いになってしまったひとに向けて書こうと思います。それは裏返せば、読書感想文が得意だから国語も得意なんだと勘違いしているひとへのメッセージにもなっているはずです。

最初に、この質問を投げかけておきます。

ぼくたちは、ひとつの出来事を厳密な意味でフェアに物語ることができるのだろうか——。

たとえば、サッカーの話。日本代表とブラジル代表が試合をした、とします。得点はブラジルが2点で、日本が0点。試合の勝敗は明らかです。しかし、あなたはそれを友だちにどう伝えるか。選択肢は2つあります。

「きのう、ブラジルが2対0で日本に勝った」……Ⓐ
「きのう、日本が0対2でブラジルに負けた」……Ⓑ

日本のマスメディアが試合の結果を報じるときは、まず間違いなくⒷを選ぶでしょう。文法っぽく言うなら、日本を主語にした文章を選ぶわけです。

日本のメディアが日本のひとびとに向けて伝えるのだから、それは、正しい／間違っているのレベル以前の、ごくあたりまえのことです。でも、ここで忘れてほしくないのは、ⒶもⒷも決して厳密な意味でのフェアな文章ではない、ということ。Ⓑの文章を読んだとき、ぼくたちは無意識のうちに「日本が負けた物語」を受け容《い》れている。同じように、Ⓐの文章を読んだブラジルのひとたちは、無意識のうちに「ブラジルが勝った物語」を受け容れているのです。

もちろん、ⒶやⒷを選ぶこと、それぞれの物語を受け容れることは間違いではありません。でも、ぼくたちは往々にして、ⒶとⒷはもともと対等な選択肢だったんだということを忘れてしまいがちです。「日本が負けた物語」を受け容れたとき、その裏に「ブラジルが勝った物語」があるんだということは、不思議と忘れ去られてしまいます。

そういう一方的な物語の受け容れ方は、ちょっともったいないんじゃないか。ぼくは物語の書き手の端くれとして、いつもそう思っています。

さらにまた、ⒶとⒷの違いは、主語の違いにとどまりません。

ある日、ぼくは取材のために東京の自宅から大阪へ向かいました。東京駅で買ったスポーツ新聞の一面のトップ記事は、ジャイアンツ対タイガース戦の結果――「ジャイアンツが六対三でタイガースに完勝」と記事は伝えています。

ところが、新幹線で新大阪駅に着いて、ホームの売店をふと見ると、同じスポーツ新聞の大阪版には「タイガースが三対六でジャイアンツに惜敗」とありました。

講座❽でくわしく見たように、同じ試合の結果が、「ジャイアンツが完勝した物語」と「タイガースが惜敗した物語」に分かれてしまう。三点差の試合は「完勝」でも「惜敗」でもないような気がしますが、まあ、それがファン心理をくすぐる記事、というものなのでしょう。

ただ、ぼくはたまたま東京と大阪を移動したから両方の物語を読むことができましたが、それは幸運な例外にすぎません。東京在住のジャイアンツファンの大多数は、そして大阪在住のタイガースファンのほとんどは、片一方の物語だけ――自分に都合のいい解釈をした物語だけを受け容れていたはずです。それはちょっと怖いことかもしれません。

野球の話をもうひとつ。今度は物語と記憶について。

2002年のプロ野球日本シリーズは、ご存じのとおり、ジャイアンツがライオンズに4連勝して幕を閉じました。

ジャイアンツファンは2002年を「我らがジャイアンツが日本シリーズで4連勝した至福の年」として記憶するのでしょうが、ライオンズファンにとっての2002年は「我らがライオンズが日本シリーズで4連敗してしまった屈辱の年」として語り継がれるはずです。物語は、ある日の出来事としてただ通り過ぎていくのではなく、ひとびとの記憶に刻みつけられる。それを思うと、偏った解釈の物語だけをすべてだと思い込んでしまうのは、かなり危険なことではないでしょうか。

八月十五日は、日本にとっては終戦（敗戦）の日でも、朝鮮半島のひとびとにとっては、日本の支配から解放された記念すべき日です。広島と長崎への原爆投下は、ぼくたち日本人の感覚では「大量殺戮《さつりく》じゃないか！」となる。しかし、アメリカの言いぶんは「戦争を早く終わらせて、これ以上犠牲者を増やさないための、むしろ人道的な措置」……ほんとかよ。

いや、そんなキナ臭い話を持ち出さなくても、たとえば「ぼくたちの目の高さはアリにとっては大空なんだ」「犬にとっての一年はぼくたちの数年分の密度に相当するんだ」といったことを頭の片隅に置いておくだけでも、物事のとらえ方や考え方は、ずいぶん柔軟に、そしてフェアになってくるんじゃないか、とぼくは思うのです。

＊　　＊　　＊

『桃太郎』のお話を思いだしてください。桃太郎は確かにヒーローです。でも、鬼ヶ島の鬼から見れば、桃太郎はただの略奪者ではありませんか。キビ団子と引き替えに仲間を増やすなんて、まるでどこかの国みたいな嫌な奴《やつ》でもあります。鬼たちにも鬼たちの立場や主義主張があって、財宝を集めていたに違いありません。それを、いきなり鬼ヶ島に乗り込んで奪い去っていくなんて、なんてひどい奴なんだ。お父さんやお母さんが目の前で桃太郎にやっつけられるのを見た鬼の子どもは、いつか、報復のために鬼ヶ島を旅立って、財宝を奪い返しに……（なんだか国際情勢の話をしているみたいですね）。

夏目漱石《そうせき》の名作『坊っちゃん』にしたって、そう。江戸っ子の主人公は、ことあるごとに四国・松山の田舎くささを嘲笑《ちょうしょう》していますが、「そんなこと、よそ者に言われたくねえよ！」と松山のひとが怒ったっていいのに。赤シャツには赤シャツの、野だいこには野だいこの、それぞれの事情だってあるだろうに……。

でも、『桃太郎』や『坊っちゃん』をふつうに読み進めていくかぎり、鬼や赤シャツたちを弁護する気にはなかなかなれません。

それはなぜか（やっと、話が国語らしくなってきました）。

答えは簡単。お話の作り手が、「そういうふうに読んでくれ」と無言で伝えているからです。

特に『坊っちゃん』は、主人公〈おれ〉の一人称で物語が進みます。つまり、作品内のすべての物事は〈おれ〉のフィルターを通って、読者に届けられる。裏返せば、ぼくたち読者は、〈おれ〉を通してしか、物語に触れることができないのです。〈おれ〉が好ましく思うものはそのとおりに、〈おれ〉が嫌だと感じるものもそのまま、読者はとりあえず受け容れなければならない。

　もちろん、『坊っちゃん』の〈おれ〉はじつに魅力的な青年で、彼の目を通して繰り広げられる物語は、ほんとうに痛快です。赤シャツや野だいこも敵役として、ここまで活《い》き活きと描かれれば本望というものでしょう。作者も「〈おれ〉を通して物語を読んでくれ」と思っているからこそ一人称の語り方を採用したのだから、それに則《のっと》って読むのは、ある意味では読者の義務でもあります。

　それでも、忘れないでほしいのは、同じ物語を赤シャツの側から語ることだってできるんだ、ということ。そして、「僕は〈おれ〉が嫌いだから」というへそ曲がりが『坊っちゃん』の物語を赤シャツの側から読んでいって、「東京から来た乱暴者が、俺《おれ》たちの世界をひっかきまわして去っていった、はた迷惑な物語」と解釈したとしても、それはちっとも間違ってはいない、ということ。そしてそして、いちばん大切なこと――『坊っちゃん』を最初に読むときは、夏目漱石に敬意を表して〈おれ〉の側から読んでいけばいい。でも、2度目からは、あえて別の視点から読み替えていくのも面白いし、そのほうが物語の愉《たの》しみ方はずっと豊かになるんじゃないか……。

＊　　＊　　＊

読書感想文のつまらなさは、ある物語に対して、たったひとつの読み方——先生が喜ぶ読み方しか許されないせいではないか、とぼくは思っています。しかも、先生が喜ぶ読み方は、しばしば道徳的に「正しい」読み方と同じになってしまう。それって、すごくうっとうしい。窮屈でたまらない。国語の授業に道徳の授業の代わりをさせないでほしいなあ、と思うのです。

たとえば、「狼《おおかみ》が来た！」と町のみんなをだましつづけたすえ、ほんとうに狼が来たときに助けてもらえなかった少年の話に、あなたはどんな感想を抱きますか？

「嘘《うそ》をつくのはよくない」と書けば、まあ、悪い点は与えられないでしょう。

でも、あるひとは言っています。

「あの話の伝えたかったことって、『嘘は最初の一発目がいちばん効果的なんだから、切り上げるタイミングを間違えるな』ってことなんじゃないか？」

先生は、きっと「まじめに書きなさい！」と怒りだすでしょう。だけど、しょうがないじゃん、そう感じたんだから（ちなみに、その反・読書感想文的な感想を漏らしたのは、ＣＭ業界のひとでした。広告の世界の価値観に照らせば、まったくもって正しい感想だと言えるでしょう）。

一方、ぼくは、こんなふうに思いました。

「たとえ99パーセント嘘だとわかっていても、万が一のこともあるんだから、助けてやればよかったのに。この町のおとなって、ひどい連中じゃないか。子どもを信じることのできないおとなって最低だぜ」

これはこれで、クサい道徳的な読み方ではあるのですが、さて、国語の先生はこの感想文を褒めてくれるでしょうか……?

＊　　＊　　＊

国語の教科書に定番として載っている――ということは、読書感想文のネタとしても定番の小説があります。

魯迅《ろじん》の『故郷』です。

長年離れていた故郷に帰ってきた〈私〉は、懐《なつ》かしい故郷の風景やひとの心が変わってしまったことにショックを受けてしまう。特に子ども時代に出会った使用人の息子・閏土《ルントー》が、あの頃《ころ》のようにざっくばらんに〈私〉に接することなく、「旦那《だんな》さま、旦那さま」とへりくだることが、悲しくてしかたありません。

〈古い家はますます遠くなり、故郷の山や水もますます遠くなる。だが名残り惜しい気はしない。自分のまわりに眼に見えぬ高い壁があって、そのなかに自分だけ取り残されたように、気がめいるだけである。西瓜《すいか》畑の銀の首輪の小英雄（閏土のこと・重松注）のおもかげは、もとは鮮明このうえなかったのが、今では急にぼんやりしてしまった。これもたまらなく悲しい〉（竹内好《よしみ》・訳――以下同）

それでも、閏土の息子・水生《シュイション》と〈私〉の甥《おい》・宏児《ホンル》は、子ども同士、かつての閏土と〈私〉のように対等に接している。彼ら若い世代には、自分たちの世代のような悲しみを味わわせてはならない、と〈私〉は思います。

〈子だくさん、凶作、重い税金、兵隊、匪賊《ひぞく》、役人、地主、みんなよってたかってかれをいじめて、デクノボーみたいな人間にしてしまったのだ〉

だからこそ、若い世代は〈新しい生活をもたなくてはならない〉。そんな社会の実現こそが、〈私〉の〈希望〉なのだ……。

さあ、感想文を書きましょう。

原稿用紙1・5枚という分量が、中学生ならちょうどいいでしょうか。

まずは、〈私〉のフィルターを通した物語――作者が伝えようとして、学校の先生が教えようとしている物語に忠実に、道徳的な（要するにいい点が与えられる）感想文を書いてみましょう。

＊　　＊　　＊

時の流れは残酷だと思った。あれほど天真爛漫《らんまん》だった閏土が、おとなになると、〈私〉に対してあんなにも卑屈な態度をとってしまうなんて……。

その理由は身分の違いや貧困などで、〈私〉はそれを解消していこう、と心に誓う。

ぼくたちの生活は豊かである。友だちとも対等に付き合ってきて、身分を意識することなど一度もない。しかし、振り返ってみれば、日本でも江戸時代には厳しい身分制度があった。凶作のたびに農民は苦しんできた。いまのぼくたちの暮らしは、最初から与えられていたものではなく、昔のひとたちが努力して獲得してきたものなのだ。

ぼくは、〈希望とは、もともとあるものともいえぬし、ないものともいえない。それは地上の道のようなものである。もともと地上には道はない。歩く人が多くなれば、それが道になるのだ〉という、この作品の最後の文章にとても感銘を受けた。〈私〉1人の希望では、世の中は変えられない。しかし、より多くのひとたちが同じ希望を持っていれば、夢はかなえられるのだ。

『故郷』を読み終えたあと、水生と宏児がおとなになったときのことを想像した。2人がおとなになってからも、子どもの頃のように付き合っていけますように、と願った。

そして、ぼくたちも、ぼくたち自身の希望へとつづく道を、一歩ずつ踏みしめて歩いていきたいと思った。

これでぴったり原稿用紙1・5枚です。

でも、もちろん、『故郷』の読み方はそのひとつきりではありません。

作品中には、故郷をあとにして出世した〈私〉に「身分のあるお方は眼が上を向いているからね」とイヤミをぶつける意地悪な楊《ヤン》おばさんも出てきます。

このおばさん、けっこういい味出してる憎まれ役だと思うので、彼女の立場から見た『故郷』の感想文を、同じく原稿用紙1・5枚で書いてみましょう。

＊　＊　＊

〈私〉という人物が、ぼくは嫌いだ。自分は故郷を飛び出して立身出世しておきながら、故郷の風景やひとの心は昔どおりであってほしいと願うのは、自己中心すぎると思う。

楊おばさんは、引っ越しのどさくさに紛れて〈私〉の家のものを次々に盗んでいくが、どうせ捨てていくものなのだから、それをいちいち小説に書きつける〈私〉は心が狭いと思う。それに、文句があればおばさんに直接言えばいいのに、あとから小説に書くのは卑怯《ひきょう》だ。ぼくなら名誉毀損《きそん》で訴えるかもしれない。

閏土との話だって、〈私〉は気づいていないかもしれないが、ずいぶんゴーマンなことを言っている。〈みんなよってたかってかれをいじめて、デクノボーみたいな人間にしてしまったのだ〉と言うが、昔の友だちを〈デクノボー〉呼ばわりするのはひどい。閏土だって一所懸命に生きてきて、わざわざ会いに来てくれたのに。

また、〈持っていかぬ品物はみんなくれてやろう〉や〈かれらは新しい生活をもたなくてはならない〉というのも恩着せがましいし、そんなことを勝手に決める権利はないと思う。

なんだか、〈私〉という男は、自分だけいい子になっているようだ。〈自分だけ取り残された〉と被害者づらしていても、故郷を捨てたのは自分自身なのだ。ぼくはそういう、いい子ぶったおとなにはなりたくないと思った。

＊　＊　＊

こんな感想文を書いたら、保証してもいいけれど、先生は褒めてくれません。もしかしたら、「この子は精神的に危険な状態なんじゃないか」と大騒ぎするかもしれないし、「こういうものの考え方が、いじめを生むんです」と言いだすかもしれません。

でも、何度でも言いますが、物事の見方はたったひとつきりではない。物語の受け止め方も、いくらでもある。さまざまな解釈の間には、「先生のお気に召すかどうか（道徳的に好ましいかどうか）」の違いはあっても、どれが正しくてどれが間違っているかの差などないはずなのです。

「感じたことを自由に書きなさい」と言うからには、先生には最後まで責任を持って「自由」を尊重してもらいたい。そして、生徒には、「他人と違う感じ方」に対して臆《おく》病《びょう》になってほしくない。

ぼくは、子どもの頃、読書感想文がやたらと得意な少年でした。先生がなにを望んでいるかを見抜き、しかも先生ひとりひとりの年齢や性別、ふだんの授業で垣間見る考え方に応じた「傾向と対策」まで考えて、絶対に褒められる作文を書いていたから。

嫌なガキだったわけです。

おとなになってから胸の奥でうずく自己嫌悪《けんお》や後悔、反省、悲しさや寂しさを込めて、この項を書きました。

特別講座

「ワープロ」で「1000字書評」を書いてみる

藤原和博

ワープロソフトの〝威力〟をフル活用するために

パソコン時代には、パソコン時代ならではの「文章作法」がある。

手書きとの決定的な違いは「これまでは、文章を書きだす前にじっくり推敲《すいこう》が必要だったが、ワープロでは、思いついたことから書き始めてしまって、あとから考えを整理することができること」である。具体的に言えば、

①部分をドンドン打っていって、あとでくっつけることができる。
②挿入や入れ替えなど自由に構成し直して、どちらがより良いかを比較検討することができる。
③あとから小見出しを入れたり、重複をカットしたり、文章を整えることができる。

これらを踏まえて、さっそく実践してみよう。

「読んだ本を1000字で書評する」という練習だ。

35字×30行程度のA4フォーマットでワープロを打っている人は、ちょうどA4の紙1枚分の文章量だから、練習問題として都合がいい。

ワープロの「カット&ペースト」機能を使うことで、1000字程度のエッセイやレポートや報告書をスキッとシャープに仕上げる技術を身につけよう。

これがうまくなると、入社の時のエントリーシートでも、小論文でも、会社の上司にレポートするときでも必ず役に立つ。

最近自分が読んで面白かったもので、その感想をまわりの人にも伝えたいなあと思った本を選んでチャレンジしていただきたい。

ここでは、私が実際に『日経ビジネス』の書評欄に寄せた『考える力をつける数学の本』(岡部《おかべ》恒治《つねはる》著、日本経済新聞社)の書評を例にする。

ステップ① 何を伝えるか

1000字ほどの短い文でも、まずは「言いたいポイントをはっきりさせる」ことが必要だ。

私の場合、言いたいことをいつもメモ用紙に書きつけている。もっとも言いたいポイントを1つ。その他《ほか》にぜひ入れたいコンテンツ（中身）をあと2つ。3つくらいの部分に分けるとちょうどいい。400字詰め原稿用紙に慣れている人には、3つの話を3枚に書いてつなげ、あとで冗長な部分をカットするイメージだ。

また、実際には必要なくても、3つの部分について「小見出《こみだ》し」をつけるイメージで書いている。「小見出し」は、長い文章を読みやすくするための区切りである。いわばその部分の〃つかみ〃を抽出した〃ミニタイトル〃だから、「小見出し」のつかないような部分なら、はじめから存在意義がないことになる。カットしてよいということだ。

最後に、言いたいことが〃読者の興味を引くことかどうか〃をもう一度考える。表現には必ず相手がいる。誰《だれ》も読まない日記とは違う。読者の関心に、どこかでリンクしなければならない。

読み手のこころに届くかどうか、それが勝負だ。

ステップ②　大ざっぱに構成してみよう

前述したように、3つの部分に分けて考える。

部分Aは、読者に本の内容を小出しにして教える部分。

部分Bは、この本の意外な〃使い方〃を提示して、読者に〃！〃（ビックリマーク）を抱いてもらう、ある種の感動を感じてもらう部分。

部分Cは、読者が絶対関心のある社会的な事象を押さえて、書評をその関心事にリンクさせていく部分。

さっそく、部分Aからとりかかろう。

ここは、おおよそ200字くらいのつもりで書くとよい（100字×2でもOK）。あとで捨てればいいから、自分が感心したポイントを多めに挙げておく。どれを使うかは、あとから選択すればよいのだ。

『考える力をつける数学の本』の書評では、このように進めた。

◎冒頭で、「1から100までのすべての数を足しなさい」という問題に対して7歳の天才少年ガウスが示した方法「前と後ろを足し合わせれば101が50組できるから答えは5050だ」という話が紹介されている。

◎ケーニッヒスベルクの橋の問題では、「4つの島にかかっている7本の橋をすべて1回だけ渡って散歩することはできるか」という、街の人々の長年の論争に対してオイラーの与えた鮮やかな解が示されている。

◎特に感心したのは、「直径10㎝の芯《しん》に直径20㎝の大きさで巻かれているトイレットペーパー（厚さ0・02㎝）の全体の長さを求めよ」という問題に対する解の鮮やかさだ。

◎「A、B、Cの3人がいます。このうち1人だけが正直者で、あとの2人はウソしか言いません。この3人に誰がウソつきかを聞いたところ、次のように答えました。

……では、正直者は誰でしょうか？」というような問題が多数、地方公務員の上級試験で出題されているのも興味深い。

ほかにも、この2倍くらい引用候補を選んで、本に付箋《ふせん》を挟んでおく。

実際には、このうち3つの問題を紹介することにした。この本の本質は「考える力」をつけるための楽しい問題集なのだから、できるだけ問題を小出しにすることで、その面白さを読者に感じて欲しかったからだ。

ステップ③　書き出しが勝負

第1章から繰り返しているように、書き出しに〝！〟や〝？〟が湧《わ》いてこない文章は読まれない。

読者は、最初になにか驚かせて欲しいのだ。

そこで「私は、かつてこんなに1冊の本を〝使った〟ことはない。」と書き出した。ふつう本は〝読む〟ものだから、〝使う〟というと「アレッ」と思うだろう。そして「大学受験の時の数学の問題集でもこんなには使い込まなかった。」と念を押す。〝使える本ですよ〟を強調しているのだ。

もし、書き出しが、

「この本の帯にあるメッセージは〝学校の数学とは全く違う、思考トレーニングのための数学〟で、現在ベストセラーになっている〝論理トレーニング〟本の延長線上にある」

とか、

「はじめに紹介されるのは、〝1から100までのすべての数を足しなさい〟という問題に対して、当時7歳の天才少年ガウスが示した方法だ」

などと説明的だったら、あなたは読む気がするだろうか？

ステップ④　重複や曖昧《あいまい》ワードを切り取っていく

文章をスキッとさせるためには、意味が重複する部分を削《そ》ぎ落としていくことが必要だ。植木で言えば〝剪定《せんてい》〟。この刈り込み作業をやるかどうかで、読みやすさが変わってくる。

私は学生が書いたエントリーシートをかなりの量読んだことがあるのだが、意味の重複するワードがしつこく並んでいると、それだけで読む気が削がれてしまう。

読者の読む気を削がないためには、自分から文章を削がなければならない。

はじめに、私がワープロに向かって打っていた文章は、このようなものだった。

この本の帯にあるメッセージは〝学校の数学とは全く違う、思考トレーニングのための数学〟で、現在ベストセラーになっている〝論理トレーニング〟系の本の延長線上にあるように見えないこともない。しかし、この本は、それよりよっぽど本質的な投げかけ、つまり〝数学的に考えるということは、どんなことを意味するのか？〟に答えてくれるはずだ。

意味が通らないことはないが、言い回しがくどくて読みづらい。冗長なのだ。頭の中で考えながら打っているときには「延長線上にあるように見えないこともない。」と私自身が思っている。だから、素直にそのまま文章にしているのだが、これは「延長線上にある。」か「延長線上にあるように見える。」と言い切ったほうがよい。はじめは柔らかかった〝感想〟を、あとから決心して〝判断〟に変えてゆく作業が重要なのだ。

また、文頭の「この本の」はあきらかに重複。「○○○系の」「つまり○○○はずだ」「○○を意味する」も、重複か、文章を曖昧にするワードなので削ぎ落とした。

結果、直した文章は次の通りだ。

帯にあるメッセージは「学校の数学とは全く違う、思考トレーニングのための数学」で、現在ベストセラーになっている〝論理トレーニング〟本の延長線上にあるように見える。しかし、この本は、より本質的に「数学的に考えるとはどういうことか？」を問いかけてくる。

違う場所での直しの例を、もう1つ示しておこう。

高校以上の数学でしか登場しないシグマや積分の知識がなければ解けないと直感した読者は、どうかこの本を手にとって自分で問題を解き、それから感動とともに答えを見て、小学生でも可能な解法を知って欲しい。

あとから直した文章。

高校以上の数学でしか登場しないシグマや積分の知識がなければ解けないと直感した読者がこの本を手に取れば、小学生でも可能な〝数学的〟解法の妙に舌を巻くはずだ。

もっと短く言えないか、もっと後半がスッキリしないか、考えた結果である。

ステップ⑤　文章を整えるフィニッシュ作業

部分Bでは、私がこの本を〝使い込んだ〟理由を語る。

〝使ってみた〟実験結果を発表する実証的な部分だから、言葉で飾る必要はない。レポート調に私と息子が体験した事実に、必要最小限触れておく。

通常の書評では、こんなふうに実験して結果を発表することはない。だから、本の効用が強調されてインパクトがあるはずだ。

はじめに打った文章。


実は私はこの本を使って、小学校6年生の息子に毎週日曜日、連続授業をもう3カ月も連続して試みている。計算はけっして遅くはないのだが文章題がイマイチ不得意な息子に受験技術としての算数ではなく〝数学的な思考法〟を身につけて欲しいと考えるからだ。30分の算数の勉強のあと、この本で出題されている問題を30分やらせてみると、目の輝きが全く異なることに気付く。前述のトイレットペーパー問題などは1時間もウンウン唸《うな》らせてから正解を教えたのだが、息子の顔には〝なるほど〟マークがでていた。

あとから直した文章。

実は私は小学校6年生の長男をモルモットにして、毎週日曜日、もう3カ月間にわたってこの本を使った私塾を自宅で開いている。計算は決して遅くはないのだが、文章題が不得意な息子に、受験技術としての算数ではなく〝数学的な思考法〟を身につけてほしいと思ったからだ。

前述のトイレットペーパー問題などは1時間もウンウン唸らせてからようやく正解を教えたのだが、長男の顔に「なるほど」と明るい〝納得マーク〟が表れた。

仕上げとして「この本を使った私塾を自宅で開いている」という表現を入れた。実際にはお金も取ってないし「横で息子の勉強を見てやっていた」だけなのだが、「私塾を開く」というメタファーがここでは効いている。

最後に「〝なるほど〟マークがでていた」を「『なるほど』と明るい〝納得マーク〟が表れた」と変えたのだが、ここはもっとよい表現がありそうだ。受験勉強を押し付けられているときより、数学的な思考を鍛える問題を解いたときの方が、息子が〝腑《ふ》に落ちた〟表情をすることを表現したかった。

あなたなら、どんな表現を使うだろうか？

ステップ⑥　結びをどうするか

最後は部分C。世の親なら誰でも気になる話題「学力かゆとりか」というテーマにこの本を結びつけて、読者の関心を刺激する。

はじめに打った文章。

4月から「学習指導要領」の改訂にともなって「学力かゆとりか」の教育論議が激しく沸騰した。中でも「学力」はもっぱら話題だった。私は、「分数の割り算ができない」とか「3・14か3か」ということより、この本で扱われている〝柔らかいロジック思考〟の方が大事だと思う。

あとから直した文章。

4月からの「学習指導要領」の改訂にともなって激しく沸騰した「学力かゆとりか」の教育論議の中でも「学力」とは何かが論点だった。私は「分数の割り算ができない」とか「3・14か3か」ということより、この本で扱われている〝柔らかいロジックの応用力〟の方が「よのなか」を生きるには大事だと思う。

さらに手直しした文章（仕上げ＝フィニッシュ）。

4月からの「学習指導要領」の改訂に伴って激しく沸騰した「学力かゆとりか」の教育論議の中でも、「学力」とは何かが真の論点だった。私は「分数の割り算ができない」とか「円周率が3・14か3か」という問題より、この本で扱われている〝ロジックを柔らかく使いこなせるチカラ〟の方が、〝よのなか〟を生きるには大事だと考える。小・中・高生を子に持つ親には、特にオススメの1冊だ。

ステップ⑦　タイトルを付ける

最初にタイトルが思い浮かぶこともあるが、通常は、上記のような文章のカット＆ペーストを繰り返しているうちに、何が一番大事なポイントかが見えてくる。削ぎ落とせば削ぎ落とすだけ、勘が良くなるのだ。

本の良さを引きだす〝つかみ〟を最後にタイトル化するのだが、この作業は、数をこなさなければできない。私自身は本を出すたびに50から100のタイトル案を出すが、1人ブレストで出しては引っ込め、また、ワープロで縦にしてみたり横にしてみたり、字体や級数を変えてみたり、さんざん眺めて2案程度に絞り込む。

『日経ビジネス』の場合は、タイトルは最大11文字。かなり限られた字数だ。

「数学的思考をあなたに」「受験数学を超えて」「ロジカル・トレーニング」「数学的とは何のことか」「頭を鍛える論理数学」「考える力はどうつくか?」……というような試行錯誤の末に、「数学」×「頭（アタマ）」に加えて、はじめから原稿のキーワードであり〝つかみ〟であった「使える」をくっつけて、こうなった。

「使える『数学アタマ』を」

ステップ⑧　最終稿完成

完成した原稿を出版社の編集者にメールで送り、編集者が出版社のルール（漢字の使用規準や送り仮名のふり方など）に則《のっと》って若干の直しを加え、入稿となる。このあと最終的な直し（ゲラ・チェック）を行って完成。あとは印刷物として出来上がってくるのを待つのみだ。

こうして、次ページの完成稿となった。

使える「数学アタマ」を

私は、かつてこんなに1冊の本を〝使った〟ことはない。大学受験の時の数学の問題集でもこんなには使い込まなかった。

帯にあるメッセージは「学校の数学とは全く違う、思考トレーニングのための数学」で、現在ベストセラーになっている〝論理トレーニング〟本の延長線上にあるように見える。しかし、この本は、より本質的に「数学的に考えるとはどういうことか？」を問いかけてくる。

初めに紹介されるのは、「1から100までのすべての数を足しなさい」という問題に対して、当時7歳の天才少年ガウスが示した方法だ。1と100、2と99のように前と後ろを順々に足し合わせれば101が50組できるから、瞬時に5050だと答える話はあまりにも有名かもしれない。

では、「直径10㎝の芯に直径20㎝の大きさで巻かれているトイレットペーパー（厚さ0・02㎝）の全体の長さを求めよ」という問題ならどうだろう。高校以上の数学でしか登場しないシグマや積分の知識がなければ解けないと直感した読者がこの本を手に取れば、小学生でも可能な〝数学的〟解法の妙に舌を巻くはずだ。これは実際、私立中学の入試問題にも採用された。

後半では「A、B、Cの3人がいます。このうち1人だけが正直者で、あとの2人はウソしか言いません。この3人に誰がウソつきかを聞いたところ、次のように答えました。では、正直者は誰でしょうか?」という〝ウソつき〟言い当てゲームが紹介されている。この種の問題が、多数、地方公務員の上級試験で出題されているのも興味深い。

実は私は小学校6年生の長男をモルモットにして、毎週日曜日、もう3カ月間にわたってこの本を使った私塾を自宅で開いている。計算は決して遅くはないのだが、文章題が不得意な息子に、受験技術としての算数ではなく〝数学的な思考法〟を身につけてほしいと思ったからだ。

前述のトイレットペーパー問題などは1時間もウンウン唸らせてからようやく正解を教えたのだが、長男の顔に「なるほど」と明るい〝納得マーク〟が表れた。

4月からの「学習指導要領」の改訂に伴って激しく沸騰した「学力かゆとりか」の教育論議の中でも、「学力」とは何かが真の論点だった。私は「分数の割り算ができない」とか「円周率が3・14か3か」という問題より、この本で扱われている〝ロジックを柔らかく使いこなせるチカラ〟の方が、〝よのなか〟を生きるには大事だと考える。小・中・高生を子に持つ親には、特にオススメの1冊だ。

第3章

古典講座

日本語の文章はこうして生まれた！

橋本 治

男の文章と女の文章

◎紀貫之は、わざわざ〝女〟になって『土佐日記』を書いた

紀貫之《きのつらゆき》の書いた『土佐日記』は、《をとこもすなる日記といふものををむなもしてみむとてするなり》で始まります。「日記」以外はひらがなです。漢字をあてはめると、《男もすなる日記といふものを女もしてみむとてするなり》になります。「男も書くという日記を、女も書いてみようと思って書きます」という意味です。つまり『土佐日記』は、「女の書いた日記」なんですが、作者の紀貫之は、男です。なんだって、わざわざ〝女〟のふりをしたんでしょう？

紀貫之は、『古今和歌集』の撰者《せんじゃ》でもあるような平安時代の有名な歌人ですが、この『土佐日記』を書いた時にはかなりの年でした。七十代か、もしかしたら八十歳くらいになっていたかもしれません。なんでそんな年で〝女〟になったんでしょう？

◎平安時代の男は「漢字だけの文章」しか書かなかった

平安時代に、「日記」は男の書くもので、文体は漢文でした。どうしてかと言うと、日本に漢字という文字が入ってきた時から、日本の公式文書は漢文で、男は漢文で文章を書くと決まっていたからです。

「漢字は公式文書を書くための文字で、男は漢字しか使わない」と言うとなんとなくへんな気がしますが、実は、平安時代の貴族はみんな国家公務員でした。今でも、高級官僚はやたらとむずかしい横文字言葉ばかり使って、「もう少しわかりやすい日本語を使え」と批判されますが、むずかしい言葉ばかりを使うのは、奈良《なら》や平安時代以来の伝統なのです。

奈良時代にはまだひらがながありません。平安時代になってひらがなができて、「むずかしいものは全部漢字、簡単なものは全部ひらがな」という両極端になりました。現代で言えば、「文章というものはすべて英語、マンガのふきだしだけが日本語」という、そんな極端さです。「漢字は男のもの、ひらがなは女のもの」という、厳然とした区別があって、女が漢字の本を読んでいたら、「あんなことしてたら結婚できなくなる」と言われました。清少納言《せいしょうなごん》も紫式部も、「女は、〝一という漢字さえ知りません〟という顔をしていなければならない」という風潮にそろって反発していますが、極端なことを言えば、漢数字の「一、二、三」だって、女なら「いち、に、さん」と書かなきゃいけないような状況があったのです。

◎「ひらがな」は女しか書かなかった

当時の「日記」は「男の書くもの」で、女が書くものではありません。ところが紀貫之は、わざわざ〝女〟になって書いたんです。どうしてでしょう？

私は、紀貫之が「有名な歌人」だったからだと思います。

和歌というものは、ひらがなで書きます。「男とは漢字で文章を書くもの」という常識が支配していた時代に、紀貫之は、男のくせに「ひらがなを扱う名人」――つまり、「和歌の名人」だったのです。それで、紀貫之は「ひらがなの文章」を書いたのです。「漢字の文章を書くのは男だけ」で、「ひらがなの文章」は「女しか書かないもの」だから、「ひらがな使いの名人」が自分の特技を生かして文章を書くとなると、〝女〟になって書くしかなかった――平安時代は、そんな不便な時代でもあったのですね。

◎日本人の「心」は、ひらがなが表現した

和歌の名人である紀貫之は、『古今和歌集』の序文を「ひらがな」で書きました。『古今和歌集』は、日本で最初の「勅撰《ちよくせん》和歌集」――つまり「国家が作った和歌集」です。

《やまとうたはひとのこゝろをたねとしてよろづのことのはとぞなれりける。よのなかにある人ことわざしげきものなれば心におもふことを見るものきくものにつけていひいだせるなり》

この序文はもっと長く続きますが、ここまでで彼が言っていることは、あきらかです。この、漢字が三つしかない読みにくい文章の中で、彼はこう言っているのです——。「和歌というものは、人の心の中にある感情を核として生まれた言葉によってできているものだ。世の中に生きている人間にはいろんなことが起きて忙しいけれども、その忙しさが人間に働きかけて、いろんな感情を生む。その感情があるからこそ、人間は、なにかを見たり聞いたりするにつけて、自分の感情を形にした和歌を詠《よ》むのだ」

これは、「和歌の発生」を語るのと同時に、「人間の感情の発生」を語る文章です。日本人にとって、感情をもっともよく表現する道具は、外国語である漢字の漢文や漢詩ではなく、日本製の「ひらがな」だったということです。それだからこそ、紀貫之は和歌を詠みましたし、「ひらがなの文章」も書きたかったんです。

◎漢字ばかりじゃ女にもてない

平安時代の日本政府の公式文書は漢文で、その他《ほか》の男の書く文章も、みんな漢文でした。「男＝漢字」で、「歌を歌う」ということになっても、男なら漢詩の一節にメロディーをつけて歌いました。それが男の「上等な趣味」で、ひらがなによる和歌よりも、漢文・漢詩の外国系の方が断然優位でした。「五七五七七」の「和歌」は、別名「やまと歌」とも言って、これは「日本オリジナルの歌の形」なんですから、「ロックやポップスだけが音楽だ、絶対にカラオケで演歌なんか歌わない！」とか、「クラシックは価値の高い音楽だが、演歌は低俗でだめだ！」というのと似たようなもんです。

ところが、そんな外国系優位の中でも、「和歌」の価値は揺るぎません。どうしてかというと、男が漢詩にメロディーをつけて、いい気分になって歌っていても、女の耳には入らないからです。入ったって、「漢詩がわかるなんて顔しちゃだめよ。〝女らしくない〟って、男の人に嫌われちゃうもん」と、女の方が知らん顔をします。「バンド始めたのは女にもてるためだったのに、これで女が全然のってくれなかったら、オレたちバンドやってても意味ねーな」というようなもんです。

女相手に意志を通す――つまり和歌というのは、「ラブレター」だったんですね。

◎「目が合った」だけで「セックスをした」になってしまう時代

昔の女の人は、御簾《みす》の奥にいて、絶対に男に顔を見せないものでした。平安時代のお姫さま以前に、『古事記』の昔からそうで、身分の高い女の人なら、江戸時代になってもそうでした。「まともな女なら、絶対に人前に顔をさらして歩かない」という、イスラム原理主義のような常識が、長く日本を支配していたのです。だから、「まぐわう」という言葉も生まれます。「まぐわう」「まぐわい」という言葉は、今では「セックスする」「セックスすること」という意味です。でも、「まぐわう」は「目合《まぐわ》う」なんです。つまり、「視線を合わせる」です。「男と女の目と目が合ったら、これはもうセックスをしたのと同じ」というのが、その昔の常識でした。どうしてかと言えば、「女は家の中にいて、絶対に男に顔を見せない」という社会常識があったからです。

男に顔を見せたら、もう女の方は「処女を失ったと同じ」です。結婚してたって、「女というものはそうそうあからさまに男に顔を見せないもの」という常識がありましたから、男が自分の奥さんの顔を見るのだって「こっそり」になるし、晴れて結婚式が終わらなければ、男はまったく女の顔を見ることなんかできなかったんです。

◎平安時代に、ラブレターは「生活必需品」だった

「目と目が合った」だけで「処女を失った」という時代です。そんな時代に、男と女はどうやって〝知り合い〟になればいいんでしょう？

顔がわからなくて、「そこに女がいる」と思えば、どうしても男は気になります。女の方だって、自分がじっとしている前をすてきな男が通りかかったら、やっぱり心が動きます。そんな時、「あなたに関心を持っている人間がここにいますよ」ということを、どうやって相手に伝えるのか？

和歌というものは、そのことを伝えるための道具だったんです。

顔は見せられないけど、声だけはかけられる。手紙だけは送れる。そういう時代には、和歌がコミュニケーションなんです。和歌がなかったら、男と女は恋愛ができないし、あいさつもできません。平安時代の和歌がほとんど「言葉」とか「感情」というものと同じだったということは、紀貫之の書いた『古今和歌集』の序文からでもおわかりになるでしょう。「和歌というものは、人の心の中にある感情を核として生まれた言葉によってできている」「人間は、なにかを見たり聞いたりするにつけて、自分の感情を形にした和歌を詠む」です。

おまけ❶「無意味な気分」を歌にしただけ!?

《あしびきの山鳥の尾のしだり尾の
ながながし夜をひとりかも寝む》

柿本人麻呂《かきのもとのひとまろ》の歌です。有名なこの歌を見ると、「ほんとになに言ってんだかな」という、いたって幸福な気分になります。「あしびきの」は、「山」にかかる「枕詞《まくらことば》」で、「山鳥の尾のしだり尾の」は、「長い」にかかる「序詞《じょし》」です。「前置きだけでなんの意味もない」というのが序詞ですから、つまり、「あしびきの山鳥の尾のしだり尾の」には、なんの意味もない。「山鳥の尻尾《しっぽ》は長くたれている——だから〝長い〟」、だけです。この歌の意味は、ただ「えんえんと長い夜を一人で寝るのか……」だけです。なんだかわけのわからない言葉をえんえんと読まされてきて、意味はそれだけ。「え、そんな楽な解釈でいいの？」と、私は高校生だった昔に、喜びました。あんまり勉強が好きじゃなかったからです。「人間の感情を素直に歌い上げる」はずの『万葉集』の中に、こんな冗談みたいなものが入っているなんて、なんだかとても嬉《うれ》しくなりました。「あしびきの山鳥の尾のしだり尾の」だけで前半を終わらせてしまうなんて、「内容空疎の技巧本位の極み」みたいなもんでしょう？

それが「日本文化を代表するようなものの一つ」って、なんだか嬉しくありません？

「かも寝む」の「かも」は、辞書や文法の本を見ると、ややこしいことがいろいろと書いてありますが、要は、「その下にくる言葉を強める」です。つまり、「かも寝む」とは、「寝るのかよォ」ですね。「こんなに長い夜を一人で寝るのかよォ」が、日本を代表する天才的歌人・柿本人麻呂の「有名な作品」です。欲求不満で、「ああ、やだやだ」という気持ちが強いんでしょうね――それだから「かも寝む」と強めてるんですね。夜の長さにうんざりしている。そうすりゃ、「あしびきの山鳥の尾のしだり尾の」という、わけのわかんないつぶやきも出るでしょう。だから、この歌は、「うんざりするような夜の長さを巧みに表現している」になります。でも、「(また)一人で寝るのかよォ＝かも寝む」は、「そういうブツブツが出てくる気分」じゃないでしょうか？

〝表現〟というのは、そういうものなんです。「あしびきの――」以下の前半を「訳さないでいい」にしちゃうと、そういう「独り寝にまつわるうっとうしさとまぬけさ」が見えなくなります。むずかしく言えば「無意味の中に意味がある」ですが、「あしびきの――」は、「あーあ……、退屈だ」の「あーあ……」の部分なんです。だから、この歌の前半は、「意味のない言葉をえんえんと並べるほど長く退屈だ」ということの表現になるわけなんですね。

「ひらがな」と「カタカナ」

◎外国語がそのまま日本語になっていた『日本書紀』

その昔の日本人は、「文字」というものを持っていませんでした。漢字という文字が朝鮮経由で日本に入ってきて、日本人はその文字を使うようになりました。そうなった時の文字の使い方は二つです。「漢字だけで書かれた文章に合わせて日本語を使う」か、「自分たちの言葉に合わせて、漢字を好き勝手に使う」かのどっちかです。

前者は、「漢文」というものになりました。「漢文」は、「日本人の使う日本語に合わせて作り変えられた、中国製の日本語」です。文字というものを持たず、文章といったら「中国語の文章」しか知らなかった日本人は、その中国語を、日本語として読もうとしたのです。

《古天地未剖》は、「日本人が最初に書いた歴史書」である『日本書紀』の冒頭で、

《古《いにしえ》ニ天地《てんち》未《いま》ダ剖《わか》レズ》と読みます。これが、「中国語を日本語として読む」です。元の中国語の順序を入れ換えて読みます。『日本書紀』は漢文だけで書かれた本ですが、文章といえば「中国製の文章」しか知らなかった日本人は、奈良時代まで、そういう外国語の文章を使うしかなかったのです。

◎『万葉集』を漢字だけで書くと――

一方、同じ時代には、「自分たちの言葉に合わせて、漢字を好き勝手に使う」という方法も登場します。漢字をかな文字のかわりに使う「万葉がな」です。

《茜草指武良前野逝標野行野守者不見哉君之袖布流》

右の文章は、《茜草指《あかねさす》武良前野《むらさきの》逝《ゆき》標野《しめの》行野《ゆきの》守者《もりは》不見《みず》哉《や》君之《きみが》袖布流《そでふる》》と読みます。「輝くような紫草の生えている野原（紫野《むらさきの》）、立ち入り禁止の御用地（標野《しめの》）で、管理人（野《の》守《もり》）は見てないでしょうけど、どうしてあなたはそんなに袖をふるの？――恥ずかしいじゃないの」という、男にナンパされかかった女の歌です。『万葉集』にある歌で、作者は額田王《ぬかたのおおきみ》という女性。もちろん『万葉集』は、「日本で最初の和歌集」です。

なにしろ、文字といったら漢字しかない時代です。ひらがなもカタカナもなくて、それで日本語をなんとかして書こうとしたんですから、とんでもない〝工夫〟がいります。「あかねさす」は、「太陽」や「むらさき」にかかる枕詞で、これを昔の人は「茜草《あかね》を指す」と書いています。「あかね」は、「赤根」で、赤い根っこで染めた色のことです。ちょっと黄色みがかった赤ですが、その色を作る「赤い根っこ」を持つ植物のことを、昔の人は「赤根草＝茜草」と言いました。中国からきた「茜《せん》」と発音する文字が同じ植物をさす文字だということを知って、昔の人は「茜《せん》」を「あかね」と読んだのです。

◎漢字だけの『古事記』は読み方がわからない

『日本書紀』と同じ頃《ころ》に作られた、もう一つの「日本最初の歴史書」である『古事記』の冒頭は、こうです——。

《天地初発之時、於高天原成神名、天之御中主神》

これをどう読むか？　正解は、まァ、ありません。ある人は、《天地《てんち》初発之《しよはつの》時《とき》、高天《たかまが》原《はら》に成《な》れる神《かみ》の名《な》は、天之御中主《あめのみなかぬし》の神《かみ》》と読みます。別のある人は、《天地初《あめつちはじ》めて発《ひら》けし時《とき》、高天《たかま》の原《はら》に成《な》れる神《かみ》の名《な》は、天之御中主《あめのみなかぬし》の神《かみ》》と読みますし、また別のある人は、《天地《てんち》初《はじ》めて発《おこ》りし時《とき》、高天《たかあま》の原《はら》に成《な》りませる神《かみ》の名《な》は、天之御中主《あめのみなかぬし》の神《かみ》》と読みます。

一致しているのは、《天之御中主神》の読み方だけです。神様が住むという「高天原」だって「たかまがはら」と「たかまのはら」と「たかあまのはら」とバラバラです。昔の人が《天地初発之時——》と書いたことだけは、（たぶん）間違いがないんですが、でも、これをどう読むのかはわからないんです。なにしろ、「読み方」を教えるためのかな文字がないんです。しかたがありません。昔の人たちは、「自分たちがしゃべっている日本語を、なんとかして文字にしよう」と考えて文字にはしたけれども、テープレコーダーやＣＤがない昔ですから、そうやって書かれても、「どう読むのか？」はわからなくなっちゃった。大筋ではわかっても、こまかいところになると、読む人（専門家です）の解釈や研究によって違うんですね。

なにしろ、「日本語の文字」じゃない漢字をかな文字のかわりに使ったんです。漢字しか持たない日本人は、そうやって「漢字だけの日本語の文章」を書いて、それだと不便なので、いつの間にか「自分たちの文字」を作るようになる——それが「ひらがな」と「カタカナ」なんです。

◎どうして日本人は、「ひらがな」と「カタカナ」の二種類を作ったか

日本独自の文字である「ひらがな」は、漢字の「万葉がな」をくずして書くうちに生まれました。「カタカナ」は、読みにくい漢文を読むための記号として、漢字の一部だけを使うということをしているうちに生まれました。ひらがなの《に》は、漢字の《仁》をくずして生まれて、カタカナの《ニ》は、漢字の《仁》の右半分です。

それでは、「ひらがな」と「カタカナ」はどう違うのか？

漢字から生まれた日本製のかな文字がどうして二種類もあるのかというと、それはこの二つがそれぞれに違う目的を持って生まれたからです。「ひらがな」は、「かな文学」と言われるようなもの——「和歌」や「物語」を書くために生まれました。万葉がなを使って和歌を書いているうちに、「ごつごつした漢字ばっかりじゃうっとうしい」という気になってきたんでしょう。使われる漢字だって、「どの音にどの漢字をあてるか」がだいたい決まってきて、その字をくずしているうちに「ひらがな」は生まれたんです。

でも「カタカナ」は違います。「カタカナ」は、「これだけじゃどうにもならないな」と読む人にためいきをつかせる、漢字だらけの漢文を勉強しなきゃならない、大昔の学生たちが考えだした〝記号〟なんです。《古天地未剖》だけじゃわからない。《古ニ天地未ダ剖レズ》と、文字を補わなければならない。漢字だけの文章の横に、「ニ」とか「ダ」とかの文字を書きこんで、読めない漢文を読みやすくしたのです。

漢字だらけのところに書きこむ文字が漢字だったら、わかりにくくなるし読みにくい。それで、漢字の一部だけを取って記号のように使ったのが、「カタカナ」のはじまりです。今の学生が、英語の教科書にカタカナで英語の発音とか意味を書きこんでしまうのと同じでしょう。昔から学生というものは、そういう手抜きの方法を考えだすものなんです。「漢字の一部を記号がわりに使って漢文を読む」なんていうイージーな方法を学生たちが発明したとき、大昔のえらい先生は、「今の学生はいいかげんな勉強をする！」と怒ったかもしれません。

昔から漢文は、読みにくくてめんどくさいものだったのです。今でも英語やフランス語やイタリア語というような外国語を日本語に持ちこむ時は、カタカナを使います。「読みにくい外国語を読む時にはカタカナを使う」というのは、奈良時代以来の日本人の伝統で、「今の日本語はやたらカタカナばっかりだ」というのも、実は大昔からの伝統なのかもしれません。

◎『源氏物語』が「ひらがなだけ」になったら――

ひらがなやカタカナが生まれて、やっと日本は平安時代になります。平安時代になると、「漢字だけの文章」しかなかったところに、もう一つ、「漢字が一つもない文章」が登場します。「万葉がな」から「ひらがな」が生まれ、「漢字だけの万葉がなで書かれた文章」が「ひらがなだけの文章」になるのです。同じ「かな文字」でも、「カタカナ」は漢文を読む時の補助として使うものですから、「カタカナだけの文章」はなくて、「ひらがなだけの文章」が生まれるのです。「ひらがなだけの文章」を今そのまま読むとわかりにくいので、これを活字にする時には、ところどころを漢字に置きかえていますが、昔は『源氏物語』だって『枕草子』だって、ほとんど漢字を使わない「ひらがなだけの文章」でした。

《いづれのおほむときにかにようごかういあまたさぶらひたまひけるなかにいとやむごとなききはにはあらぬがすぐれてときめきたまふありけり》――これじゃなんだかわかりませんが、ひらがなだけで『源氏物語』を書くとこうなります。漢字抜きです。「、」や「。」の句読点も、本来は漢文を読むためのものですから、かなの物語にはありません。「女御（にょうご）」の「ょ」という書き方もありませんから、これは「にようご」です。ほんとはここに、濁点だってありません。「さァ、読みなさい」と言われたって、こんなものは読めないでしょう？

「右の文章に漢字をあてはめて、読めるような文章に直しなさい」は、もう大学の入試問題でしょうね。ちなみに、漢字をあてて句読点をつけると、こうなります――。

《いづれの御時にか、女御更衣あまたさぶらひたまひける中に、いとやむごとなき際《きわ》にはあらぬが、すぐれて時めきたまふありけり――どの帝《みかど》の御代《みよ》だったか、女御や更衣が大勢お仕えになっている中に、最上級の身分というわけではないけれども、とりわけご寵愛《ちょうあい》の深い方がおりました》

◎ひらがなだけの文章はとても読みにくい

全部漢字の「万葉がな」で書かれていた『万葉集』の和歌は、とても読みにくいものでした。その「万葉がな」が「ひらがな」に変われば、読みにくい『万葉集』だって、とてもわかりやすくなるはずです。しかし、そうでしょうか？

先ほどの額田王の歌を「ひらがな」に直すと、こうなります。

《あかねさすむらさきのゆきしめのゆきのもりはみすやきみかそてふる》

この歌の意味はもうご承知のはずですが、その「わかるもの」が「わかりやすいひらがなだけ」になったとたんにわかりにくくなります。そうでしょう？

でも、平安時代の人たちは、和歌というものをこんな形で見ていたんですね。この「わかりにくいひらがなだけ」を、今の古典の本にのっている〝一般的な形〟にしてみましょう。漢字をあてて、上の句と下の句に分けるのです。するとこうなります――。

《あかねさす紫野行き標野行き
野守は見ずや君が袖振る》

やっとわかるようになりました。「ひらがなだけの文章はわかりやすい」なんていうことは、まったくありません。読みやすい日本語の文章とは、「てきとうに漢字が入っていて、句読点がある文章」です。そうじゃなかったら、どこでどのように文章を区切っていいのかがわからないからです。

今の日本語は、そういう工夫をして、ちゃんとわかるようになっています。でも、昔の人はそれをしなかったんです。「漢字だけじゃ不便だ」というんでひらがなやカタカナを発明していたにもかかわらず、昔の人は「かなと漢字は別」という原則を立てて、それを崩そうとはしませんでした。だから、わかりやすいはずのひらがなが生まれたって、日本語はいっこうにわかりやすくなりませんでした。

おまけ❷『方丈記』は、なにを言っているのか

「ユク河ノナガレハ絶エズシテ」の『方丈記』

「和漢混淆《こんこう》文の話」になる前に、もう一つ越えなきゃいけないハードルがあります。それは、「カタカナ」です。

平安時代が終わって鎌倉《かまくら》時代になると、「漢字＋かな」の「和漢混淆文」が登場します。「和漢混淆文」の代表的なものは三つあります。『平家物語』と『方丈記』と『徒然草《つれづれぐさ》』です。『平家物語』は作者不明の軍記物語ですが、『方丈記』と『徒然草』は、どちらも作者がはっきりした随筆です。和漢混淆文で『徒然草』だけを持ち上げて、「兼好法師の文章は近代の日本語の先祖だ」なんてことを言うと、『方丈記』の作者である鴨長明《かものちようめい》は気を悪くするかもしれません。「じゃ、オレのはなんだ！」などと。しかも、『方丈記』は『徒然草』より百年以上も古いんです。「日本の和漢混淆文の最初は『方丈記』である」と言ったって、そうそ

和漢混淆文「御三家」の作品が書かれた時代		
年	作品名	政治の動き
1192		源頼朝が鎌倉に幕府を開く
1203		源実朝が征夷大将軍に 北条氏の執権政治始まる
1205	新古今和歌集	
1212	**方丈記（鴨長明）** このころ**平家物語**	
1274		文永の役｝元寇
1281		弘安の役｝元寇
1331頃	**徒然草（兼好法師）**	
1333		鎌倉幕府滅ぶ

う間違いじゃないんですが、あまりそんなふうには言われません。なぜかというと、〝理由〟があるんですが、ところであなたは、『方丈記』がどういう文章で書かれているかを、知っていますか？

《ゆく河の流れは絶えずして、しかももとの水にあらず。澱《よどみ》に浮かぶうたかたは、かつ消え、かつ結びて、ひさしく留《とど》まりたるためしなし》

これが、日本の「無常観」の代表とされている『方丈記』の書き出しで、そんなにむずかしい文章じゃありません。「うたかた＝あぶく」ということだけ理解しておけば、この文章の意味は、なんとなくわかるような気がします。でも、この『方丈記』の文章、実は「漢字とひらがな」じゃなくて、「漢字とカタカナ」で書かれていたんです。だから、鴨長明が書いたものは、実はこんな風だったんです――。《ユク河ノナガレハ絶エズシテシカモモトノ水ニアラズ。澱ニ浮カブウタカタハカツ消エカツ結ビテヒサシク留マリタルタメシナシ》

なんだかへんでしょう？

「無常観」とはなんぞや？

「無常観」の「無常」は、仏教思想からきたもので、「常ということは無い」です。「いつまでも同じということはない」――これが「無常観」です。べつにどうってことのない話で、あたりまえです。でも、この「あたりまえ」に、ほんのちょっとなにかがくっつくと、ドキッとします。「いつまでも同じということはない。すべてのものには、いつか終わりがくる」

——ドキッとするでしょう？

毎日同じ生活をくりかえしていて、そこに「いつまでも同じということはない」なんてことを言われたって、「まァね」です。毎日同じ生活をくりかえしている人間は、毎日同じことをくりかえしているおかげで、少々のことにはびっくりしないだけの「鈍感さ」を獲得しています。「いつまでも同じということはない」と言われれば、「そりゃそうだ」と思いますが、だからといって、「明日になったら自分の生活はガラッと変わる」なんてことは考えません。「明日も退屈な学校が待っている」とか、そんなことしか考えません。でもそこに、「いつかは終わりがくる」がつくと違います。そういう「昨日と同じ生活のくりかえし」が、終わってしまうわけですから。

「勉強は退屈だが、卒業したら働かなければならない……」です。「いつまでも同じということはない」は、イコール「いつかは終わりがくる」なんですが、うっかりすると人間は、それを考えない。だから、「無常観とは、〝いつかは終わりがくる〟〝いつまでも同じということはない〟である」なんて言われたって、「へー」で終わりなんですね。人間というものが、そういうふうに、「あまり先のことを考えないのんきなものだ」ということを頭に入れて、もう一度『方丈記』の文章を読んでみましょう。

「ひらがな」と「カタカナ」は、こんなにも違う

『方丈記』の書き出しの文章は、こんな意味です——。

「流れて行く河の水は、いつでも流れ続けている。流れている河には、その〝流れ〟ゆえに、いつでも〝新しい水〟がやってくる。つまり、流れ続ける河は〝同じ河〟のようだが、その河に、いつまでも〝同じ水〟があるわけじゃない。河の流れのよどんだところに浮かぶあぶくだって、一方じゃはじけて消えるし、一方じゃべつの新しいのができる。同じところに同じあぶくがずっとあるわけじゃない」

「深い意味だな」と思いますか？　「だからなんなんだ？」と思いますか？

鴨長明の書いた『方丈記』の書き出しの〝意味〟が以上のようなものだと思って、「ひらがな版」と「カタカナ版」の二つの原文を読み比べてください。

《ゆく河の流れは絶えずして、しかももとの水にあらず。澱に浮かぶうたかたは、かつ消え、かつ結びて、ひさしく留まりたるためしなし》

《ユク河ノナガレハ絶エズシテシカモモトノ水ニアラズ。澱ニ浮カブウタカタハカツ消エカツ結ビテヒサシク留マリタルタメシナシ》

どっちが文章として、流暢《りゅうちょう》ですか？　どっちが文章としてグッときますか？　どっちの文章に、「すべてのものには、いつか終わりがくる」の〝ドキッ〟を感じますか？

私は、「ひらがな版」の方に、より〝ドキッ〟を感じると思いますけどね。

「普通の日本語の文章」が登場する鎌倉時代は、日本文化の大転換期

◎鎌倉時代には「なにか」が変わる

鎌倉時代の終わりになると、「漢字＋ひらがな」という、我々の知る「普通の日本語の文章」が、やっと登場します。『平家物語』の後に兼好法師の『徒然草』が生まれて、「わかる古典」の登場になりますが、なんだって「漢字」と「ひらがな」をドッキングさせるだけの作業に、そんな時間がかかったんでしょう？

おおよそのことで言えば、兼好法師が「漢字＋ひらがな」の「和漢混淆文」で『徒然草』を書くのは、鴨長明が「漢字＋カタカナ」の「和漢混淆文」で『方丈記』を書いた百年後です。「漢字＋カタカナ」の『方丈記』が登場するのは、「ひらがなだけ」の『源氏物語』が登場する二百年後です。「ひらがなだけの複雑な物語」である『源氏物語』は、「ひらがなだけのシンプルな物語」である『竹取物語』の登場する百五十年ばかり

後で、さらに言えば、漢字だけでかな文字を表現した「万葉がな」による『万葉集』から『竹取物語』が生まれるまでにも、百年がかかっています。なんでこんなに時間がかかるんでしょう？

漢字をくずして「ひらがな」を作る作業に時間がかかるのならまだわかりますが、既にできている「ひらがな」と「漢字」をドッキングさせるのに、なんでそんなに時間がかかるんでしょう？　「漢字」と「ひらがな」をドッキングさせる作業は、「教養ある大人の男が平気でマンガを読む」というようなもんです。今では大学の先生が平気でマンガを読みますが、二十年くらい前までは、そんなことがありませんでした。「教養ある大人はマンガなんか読まない」が、はっきりしていました。「漢字とひらがながドッキングした」とは、「教養ある大人の男がついにマンガを読んでしまった」なんです。

鴨長明の『方丈記』から兼好法師の『徒然草』までの百年は、「大の男がマンガを読むのを当然とするのに要する時間」だったんです。

◎「わかる徒然草」と「わからない徒然草」

『徒然草』で一番有名なのは、その書き出しの「序段」でしょう。

《つれづれなるままに日くらし硯《すずり》に向かひて、心にうつりゆくよしなし事をそこはかとなく書きつくれば、あやしうこそものぐるほしけれ》

これだけです。暗記している人は暗記しています。日本の古典の中で一番ポピュラーな文章の一つでしょう。ところでしかし、『徒然草』のこの冒頭の文章は、一番試験問題に出にくいところです。なぜかというと、あまりにも有名すぎるからです。この文章の〝意味〟は、多くの人が知っています。知っているから、いまさら試験問題にはしにくいんですが、しかしこの有名な文章は、実のところ、とても訳しにくいんです。「意味はわかる、でも正確には訳しにくい」――それがこの文章です。

一体この文章のどこが、むずかしくて訳しにくいのか？

主な文学作品が書かれた時代

時代	年	作品名
奈良時代	712	古事記
		（漢字だけの万葉がな）
	780頃	**万葉集**
平安時代		（ひらがな（シンプル））
	840	このころ
	860	**竹取物語**
	880	
	905	古今和歌集
	1000頃	枕草子（清少納言）
	1010頃	**源氏物語（紫式部）**
		（ひらがな（複雑））
	1100	このころ
	1120	今昔物語集
	1140	
	1170頃	梁塵秘抄
鎌倉時代	1205	新古今和歌集
	1212	**方丈記（鴨長明）**（漢字＋カタカナ）
		（漢字＋ひらがな）
	1331頃	**徒然草（兼好法師）**

一番最後の「あやしうこそものぐるほしけれ」ですね。「退屈で退屈でしょうがないから、一日中硯に向かって、心に浮かんでくるどうでもいいことをタラタラと書きつける」――そうすると、「あやしうこそものぐるほしけれ」になるんですね。この「あやしうこそものぐるほしけれ」を、どう訳します？

◎退屈な兼好法師は、「なに」を言っているのか？

《つれづれなるままに日くらし硯に向かひて、心にうつりゆくよしなし事をそこはかとなく書きつくれば、あやしうこそものぐるほしけれ》――この文章の訳は、「退屈でしょうがないから、一日中硯に向かって、心に浮かんでくるどうでもいいことをタラタラと書きつけていると、へんてこりんな感じがホントにアブナイんだよなァ」になります。

一体なんなんでしょう？

退屈な兼好法師は、しょうがないから、一日中硯に向かってるんですね。することがないから机に向かってる――パソコンやワープロに向かってるでも同じことですね。そして、心に浮かんでくるどうでもいいことをタラタラと書きつける――そういうことばっかりしてるとどうなるか？

そのことの答が、「あやしうこそものぐるほしけれ」なんですね。冷静なつもりでいても、書くことに熱中していくうちに、なんだかへんな方にのめりこんでいってしまう。

ふっと気がつくと、「自分は一体なにを考えて、なにを書いてるんだ?」という状態になっている。それに気がついて、「アブネェな……」と、うろたえている――あるいは、喜んでいる。どっちかはわかりませんが、ともかくこの書き手は、「アブナイ方向に行っちゃってる」のを理解してるんですね。だから、《あやしうこそものぐるほしけれ》――「わけわかんないうちにアブナクなってくんのなッ!」です。

一日中机に向かって勝手なことを書いてると、「アブナイ方向」に行っちゃうんです。「あんまり聞かない解釈」かもしれませんが、兼好法師が書いたことをそのまんま訳すと、どうしてもそうなります。

じゃ、兼好法師は「アブナイおじさん」なんでしょうか?

◎兼好法師は、ホントに「おじさん」なのか?

『徒然草』は、「隠者の文学」とも言われています。「隠者」というのは、「世間との交渉を断って一人で勝手に生きている人」のことです。兼好法師は「世を捨てて出家したお坊さん」ですから、「隠者」です。そして、『徒然草』は「無常観の文学」とも言われています。ここから浮かびあがってくる兼好法師像は、「枯れたおじさんまたはおじいさん」ですが、そういう人が、「暇持て余してなんか書いてるとアブナイ方向に行っちゃう」でいいんでしょうか?

でも、兼好法師がホントに「おじさん」だったかどうかはわからないんですね。はっきりしていることは、「〝つれづれなるままに〜あやしうこそものぐるほしけれ〟と書いた人が『徒然草』の作者だ」ということだけです。

この文章を書いた時に「兼好法師」なる人が「いい年」だったら、これは「アブナイおじさん」です。でも、もしこの文章を書いた時に「兼好法師」なる人が「若者」だったら、べつにどうってことありません。のめりこんでるうちにうっかり「アブナイ方向」に行っちゃうなんて、若い時にはよくあります。兼好法師は「中年のおじさん」で、『徒然草』が日本の典型的な「中年男の文学」というのは常識ですが、でも、「『徒然草』のはじめの方は、兼好法師がまだ若い時に書いた文章だ」という説もあるんです。

◎兼好法師、おまえは誰だ？

兼好法師が出家したのは、三十歳をちょっと過ぎた頃《ころ》だろうと言われています。出家する前の兼好法師の名前は、「卜部《うらべ》兼好《かねよし》」と言います。京都の、あんまり身分の高くない下《した》っ端《ぱ》貴族の息子です。

下っ端貴族の家に生まれたウラベ・カネヨシくんは、十代の終わり頃に、御所に就職します。職種は「蔵人《くろうど》」です。「蔵人」というのは、直接天皇に仕えて身の回りの世話をする職種です。だから、清少納言は『枕草子』の中で、「蔵人というのが最高にカッコいい」ということを言っています。でも、清少納言の時代と、このウラベ・カネヨシくんの時代とでは、全然違います。もう平安時代は終わって、鎌倉時代だって終わりかけている頃の天皇は、そんなにパッとした存在じゃありません。だから当然、それに仕える「蔵人」だって同じです。もしもこの頃のカネヨシくんが『枕草子』を読んでいたら、「チェッ、いいな……」と言っていたでしょう。鎌倉時代のはじめ頃の三代目将軍・源実朝《みなもとのさねとも》は、遠くの都に憧《あこが》れましたが、その都で「蔵人」をやっていたウラベ・カネヨシくんは、「遠い昔の都」に憧れなければならなかったのです。

カネヨシくんはパッとしません。未来なんかきっと「そこそこ」です――そんなことを考えていたでしょう。そうしてしばらくしたら、お仕えしている後二条《ごにじょう》天皇が死んでしまいました。二十代半ばの彼は、「会社が倒産して職を失った」のとおんなじになりました。だったら再就職をしなければいけないんですが、どうやらそれはしませんでした。ブラブラしていたんです。だから、退屈で退屈でしかたがない「つれづれ」状態になって、「日くらし硯に向かひて、心にうつりゆくよしなし事をそこはかとなく書きつくる」毎日になったんです。

彼はきっと、「生活に困っていた」ではないでしょうね。なぜかと言うと、当時の紙はまだ高級品で、それを平気で「破り捨てる」って言ってますから。「リストラにあった。再就職しなくちゃいけないんだけど、どうもそういう気にはならない」――それでプラプラしていて、それをしていられる程度の生活水準はあったんですね。仕事もせず、「あやしうこそものぐるほしけれ」をやっていて、そのうちにどうやら、「なんかオレ、はじめっから人生に意味なんかなかったような気がしてきた」になったんでしょう。それで、三十歳を過ぎて何年かしたら、出家しちゃったんですね。若い頃の兼好法師＝ウラベ・カネヨシくんは、とっても「現代青年」なんです。だから、『徒然草』のはじめの方を「中年男の書いたもの」という目で見ると、「なんだかよくわからない」になっちゃうんです。

◎二つの『徒然草』

「和漢混淆《こんこう》文」で書かれた『徒然草』の中には、二種類の文章が入っています。一つは、第十一段の《神無月のころ、栗栖野《くるすの》といふ所を過ぎてある山里に尋ね入る事はべりしに、遙《はる》かなる苔《こけ》の細道を踏みわけて心細く住みなしたる庵《いおり》あり》的な、とってもわかりやすい文章。もう一つは、《つれづれなるままに日くらし硯に向かひて、心にうつりゆくよしなし事をそこはかとなく書きつくれば、あやしうこそものぐるほしけれ》や、第十九段の《おぼしき事言はぬは腹ふくるるわざなれば、筆にまかせつつあぢきなきすさびにて、かつ破り捨つべきものなれば、人の見るべきにもあらず》的な、意味がちょっと取りにくい文章です。

この文章の違いがどこからきているかは、もうおわかりになるでしょう？

一つは「漢字＋カタカナ」の漢文の書き下し文、もう一つは「ひらがなだけの女性の文章」です。ウラベ・カネヨシくんは、どうも最初は「ひらがなだけの文章」から入ったみたいですね。「ひらがなだけの文章はだらだら続いて意味が取りにくい」と、私が以前に言っていたことを思い出してください。「筆にまかせつつあぢきなきすさびにて、かつ破り捨つべきものなれば」的な、「思いついたらすぐ書きたして、文章がどんどん長くなる」は、清少納言《せいしょうなごん》の『枕草子《まくらのそうし》』の文章とそっくりなんです。「『源氏物語』や『枕草子』を読んだ自分の感想を書きたい、それに触発されたなにかを書きたい」になれば、どうしたってそっち系統の文章を書くでしょう。それもむりのないことです。

はじめは、そういう「切れ目のはっきりしない文章」を書いていたウラベ・カネヨシくんは、でもそれと同時に、当時の若い「公務員」でした。だから、ウラベ・カネヨシくんは、当時の男の必須《ひっす》教養である漢文だってちゃんと読んでいますし、後に出家してお坊さんになっちゃうんだから、仏教関係の本だって読んでいるでしょう。《神無月のころ、栗栖野といふ所を過ぎて――》は、出家して「山の中の庵に住んでいる人への憧れ」から始まっています。こういうものを書くのは、「仏教に憧れるウラベ・カネヨシくん」ですね。だから、ここのところの文章は、『枕草子』的な文章じゃなくて、「現代の書き言葉」のようにわかりがいいのです。仏教関係の本は、基本的に「漢字ばっかり」ですから、そういう方向のことを書くとなったら、やっぱり少し態度を改めるんですね。「ひらがなだけの文章」はマンガ、「漢字だけの仏教関係書」は、難解な哲学。「マンガと難解な哲学書を一緒に読んでいる大学生」は、ちゃんとここにいるんです。

兼好法師の百年前、既に鴨長明《かものちょうめい》の段階で「和漢混淆文」はありました。「個人的に文章を書くんだったら、漢文じゃなくてもいいか」という常識はもうできあがっていて、「漢文じゃない文章」は、「ひらがなだけの文章」と「漢字＋カタカナの文章」の間で揺れていたんです。だから、『徒然草』の文体には、はじめのうちその二つの種類が一緒にあって、それがだんだん「漢字＋ひらがな」の、現在の「日本語の書き言葉の先祖」としての文体に統一されていくんですね。

古典は生きている

◎鎌倉時代に、京都の王朝貴族たちがやったこと

鎌倉時代は「武士の時代」です。平家を滅ぼした源頼朝《よりとも》が、鎌倉に幕府を開きました。鎌倉時代は「鎌倉の時代」ですが、だからと言って京の都がなくなったわけじゃありません。ちゃんと京都に天皇はいますし、貴族だっています。京都は日本の〝首都〟のままで、貴族たちの王朝文化は滅んだわけじゃなく、ちゃんと健在でした。『新古今和歌集』というすばらしい和歌集もこの時代の京都で生まれました。『紫式部日記絵巻』とか、『枕草子絵巻』というのも、この時代の京都で描かれたものです。あの有名な『小倉百人一首』だって、この時代に作られました。

京都で、王朝文化は健在でした。あるいは、京都ではますます王朝の文化が健在でなければなりませんでした。その理由は、政治の実権が鎌倉に移ってしまったからです。

平安時代の貴族は、なんにもしませんでした。皮肉ではなくて、ほんとになんにもしなかったのです。公式使節を中国へ送る「遣唐使」だって、平安貴族はめんどくさがってやめてしまいます。それで中国からの影響がなくなって、十二単《じゅうにひとえ》をはじめとする平安時代の「国風文化」が生まれたのです。ウソじゃありません、ホントのことです。平安貴族がやったのは、「自分たちが楽しむ」ということと「組織内の出世競争」だけで、あとはなんにもしませんでした。「趣味と人事異動とお祭り」それと「恋」だけで生きていたのが平安時代の国家公務員です。「酒飲んで社内の噂話《うわさばなし》しかしないサラリーマン」というのも、平安時代からの伝統でしょう。つまり、「文化だけはあったけれども、あとはなんにもなかった」というのが、平安時代です。

そのノンキな時代が崩れて、「武士の時代」がやってきます。なんにもしなくてもエラソーにしているのが貴族なら、武士というのは「戦うもの」です。戦ったら、貴族は武士に勝てません。でも、たった一つだけ貴族にも勝てるものがあります。それは「文化」です。

鎌倉時代に、京都の貴族たちは鎌倉幕府を中心とする関東の武士たちを、「東夷《あずまえびす》＝東の野蛮人」と呼んでいました。悪口も「文化」です。こういうことには京都の貴族たちも年期が入っていますから、得意です。「野蛮人」なんだから「文化」なんか知らない。だから、「いいだろう」と「すばらしい文化」を見せつければ、京都の貴族たちは関東の武士たちに勝てるのです。「文化」というものは、戦いに勝てない王朝貴族たちがひそかに関東の武士たちに送りこんだ「刺客」のようなものだったのです。それが、「もう一つの鎌倉時代」です。

この時代に京都の王朝文化が盛んになるのは当然で、それをしなかったら、京都の貴族たちは絶滅するしかなかったのです。

◎『新古今和歌集《しんこきん》』を作った後鳥羽《ごとば》上皇は、文武両道の人

この時代の後鳥羽天皇は、壇の浦に沈んだ安徳天皇の腹違いの弟で、即位したのは四歳の時でした。兄の安徳天皇は、三歳で即位して八歳で死にました。この時代の天皇は、ただの「シンボル」ですから、子供でもかまわないのです。ところが幼くして位についた後鳥羽天皇は、成長するに従って、時代が武士のものになっていることを知りました。

後鳥羽天皇――後に譲位して後鳥羽上皇は、『新古今和歌集』の編纂《へんさん》を命じた文化的にもすぐれた人なのですが、この人はその一方で、「武」の方にも強い関心を持ちました。それ以前にも「和歌を詠《よ》む武士」というのはいましたが、「戦いにのめりこんだ和歌の名人」という形の文武両道は、この人が最初です。「武士の時代の帝王は武にもすぐれていなければならない」ということなのでしょうが、「武」に走った帝王は、「承《じょう》久《きゅう》の乱」というものを引き起こして負けました。隠岐《おき》の島に流されて、それでも後鳥羽

上皇は、一人で『新古今和歌集』を「ああだ、こうだ」といじくり回していました。『新古今和歌集』は、「国家が作る和歌集＝勅撰《ちょくせん》和歌集」です。後鳥羽上皇の中には、「朕《ちん》は国家なり」という考えがあったのでしょう。「オレの作る和歌集に気に入らない人間の和歌は入れない」とばかりに、鎌倉方と仲のよかった歌人の和歌を削ってしまったという話もあります。「武を取り上げられても、オレにはまだ文がある」というところが、さすがに筋金入りの王朝文化の継承者です。

鎌倉時代には、そういう「王朝文化の人」もいました。

◎鎌倉幕府をひきいる女豪傑《ごうけつ》・北条政子《ほうじょうまさこ》

京の都には、そういう厄介な「文化の人」もいました。こういう人に戦いを挑まれた鎌倉幕府を指揮するのは、男ではありません。「女」の北条政子です。平安時代の女性はもっぱら「文化」の方で有名ですが、鎌倉時代の女は、がぜん「政治の人」です。北条政子が書いた「日記」とか「和歌」なんて、聞いたこともありません。

北条政子は、もちろん、鎌倉幕府の創設者・源頼朝の正夫人です。正夫人なのになんで苗字《みょうじ》が違うのかと言えば、江戸時代になるまで、日本は男女別姓が当たり前だったからです。

源頼朝は、北条氏やその他の関東の豪族たちの助けを得て、平家を倒しました。そして、北条氏やその他の関東の豪族たちの要請を受けて、鎌倉に武士たちの政権である幕府を作りました。鎌倉幕府の初代将軍は源頼朝ですが、鎌倉幕府というのは、どちらかと言えば、そのバックにいた「北条氏の政権」なのです。頼朝が死んだ後に北条政子が頑張るのは、当然のことでしょう。

ところで、源頼朝の「死因」というのを知っていますか？

女好きの頼朝は、夜中に若い女のところに訪ねて行って、そこの護衛の男に「誰だ！」と声をかけられて、それに答えなかったので切られてしまった――という説があります。鎌倉幕府の公式見解は、「落馬による死」ですが。

源頼朝は、女好きでした。しょうがないですね。若い時に父親に死なれ、母親とも別れて、やって来た伊豆《いず》の土地では、「妻の一家」のやっかいになっているんですからね。

頼朝は女好きで死にました。跡を継いだのは、息子の源頼家《よりいえ》です。この人は乱暴で、おまけに、くっついた女が悪かった。「妻の言うこと」だけを聞いて、お母さんが頑張っている北条政権を歪《ゆが》めようとします。それで、「お母さんの言うことを聞けないの？だったら死んでおしまい！」で、頼家は暗殺されてしまった。

「死んだ亭主は浮気《うわき》ばっかりしていた。上の息子は嫁にだまされた。ほんとにあたしはどうしたらいいの！」と怒鳴っているお母さんはどこかにいそうですが、北条政子はそういう「お母さん」でした。

上の息子はどうしようもない。「お兄さんの跡継ぎはお前がおやり」という命令が、下の息子にくだります。鎌倉の三代将軍・源実朝《さねとも》です。

◎源実朝は「田舎の中小企業の社長の息子」

源実朝は、「和歌を詠む将軍」です。源実朝には『金槐和歌集《きんかいわかしゅう》』という彼自身の作品集があります。「東の野蛮人」と都の貴族たちに悪口を言われた関東武士の中で、「自分の和歌集」を持っているめずらしい人です。そういう実朝を、鎌倉の人があんまりよく言うわけがありません。「都かぶれ」というわけですね。

北条政子と折り合いの悪かった兄・頼家の妻は、「比企氏」という関東の豪族ですが、実朝の妻は京都の上流貴族の娘です。「そういう人じゃなきゃやだ」と彼が言ったんですね。実朝が将軍になったのは十二歳、結婚したのは翌年の十三歳です。「十三でそういうことを言うか？」となったら言うでしょう。「もうホントにィ、お母さんの買ってくるのはダサイんだから、靴はナイキじゃなきゃだめだよ」と言う中学一年生なんて当たり前にいます。実朝はそういう少年だったんですね。

そういう実朝ですから、和歌はもうずいぶん若い頃《ころ》から詠んでいたでしょう。和歌を詠んで、都会のおしゃれなお嫁さんをもらって、でも、実朝の住んでいるところは「関東」というイナカなんです。まわりを見たって「和歌を詠む」なんて人はろくにいやしないんですから、源実朝は、もうほとんど、「ススんだ都会に憧《あこが》れる田舎の中小企業の社長の息子」のようなもんです。

彼は、「自分の現実」にそっぽを向いて、「ススんだ都会の文化」である和歌に生きがいを見いだすしかありませんでした。「お飾りの将軍」だった彼は、それをしても許される立場にいて、彼のまわりには、彼のことを理解してくれる人なんか一人もいなかったのです。

◎もう一人の「源実朝」を知っていますか？

《箱根路をわれ越えくれば
　伊豆の海や沖の小島に波の寄る見ゆ》

これは、とてもわかりやすい歌です。しかし、源実朝は、実は「おたく青年の元祖」です。「おたく」というのは、もうちょっと複雑でややこしい心理をかかえているものなんじゃないんでしょうか？　「おたく」というのは、「男性的」とか「単純」とか「明快」というのとは違うところにいるものです。「お嫁さんは京都のお姫さまじゃなきゃやだ！」というブランド志向の強い実朝と、《箱根路を――》の和歌を詠む実朝とは、全然違う人物じゃありませんか？　なんかへんですね。

源実朝のもう一つの歌をあげましょう。

《大海の磯《いそ》もとどろに寄する波
　破《わ》れて砕けて裂けて散るかも》

「大海原で波が砕け散っている雄大な光景」が、都のチマチマとした和歌と違って『万葉集』っぽい――いかにも鎌倉の青年将軍だ、というところなんですが、本当にそうでしょうか？

これは、実朝の「男性的な面」を代表する歌として有名ですが、この和歌は本当に「雄大」でしょうか？

よく注意して見てください。

問題は、「波」です。「破れて」「砕けて」「裂けて」「散る」です。こんなにごてーねーな「波の表現」って、ありますかね？　なんか、「アブナイ」って感じ、しませんか？　「破れて、砕けて、裂けて、散る」んです。なんか、ヤケクソって感じがしませんか？　実朝のいた〝環境〟というのを考えてください。ずいぶんストレスがたまりそうな世界ですよね。そういう世界にいた若者が、「破れて、砕けて、裂けて、散る」なんて歌うのは、かなりのもんじゃないでしょうか？

どっかで、「死ね！　死ね！　死ね！　死ね！」という声が聞こえるような気がしませんか？

実はこの歌、「大海原の光景」を歌ったものであるのと同時に、彼の中にある「絶望的な心情」がそのまま歌になってしまったものなんです。「源実朝」は、そういう人でもあるんですね。

◎絶望の歌

もう一つ、こんな和歌があります——。

《萩《はぎ》の花暮々までもありつるが
月出《い》でて見るになきがはかなさ》

「日暮れまであった萩の花が、月が出た後で見たらなかった」です。「萩の花が散っただけで〝はかない〟なんて、こいつなにを考えてんだ？」と思う人もいるでしょう。でもこの歌は、とんでもなく「寂しい歌」です。自分が大事にしていたものが、いつの間にかなくなっている——それを、ただ「ないんだ……」と思って見ている若者が、ここに一人いるんですね。

その若者が「どういう人」かというと、こういう和歌を詠む人です——。

《はかなくて今宵あけなばゆく年の
思ひ出もなき春にやあはなむ》

この人の「はかなさ」は、こういう種類のものです。「大みそかの歌」です。「今夜が明けたら新年だ」という時に、彼はどういう「新年」を思い描いているのでしょう？

彼の思う「新しい年」は、「今年一年なんの思い出もなかった。〝なんの思い出もなかったな〟と考える新年が来るんだな」です。そんな「新年」が来る前の「一年の最後の夜」は、そりゃ「はかない」でしょう。この人の「孤独」の深さにぞっとしませんか？　源実朝は、実は、そういうとんでもない寂しさを抱えていた人なんですね。彼のいた「環境」を考えれば、これも当然です。源実朝は、「おたくの元祖」なんです。「和歌以外に自分のことを訴える手段がなにもない」というのは、こんなことをさします。

おまけ❸ さねともクンちの「お家事情」

おじいさんは地主だった。そこに東京から大学出の男がやって来て、お母さんとくっついた。お父さんとお母さんは、田舎じゃめずらしい事業を始めて、おじいさんの後押しもあって、事業は見事に成功した。家は金持ちになって、人はいっぱいやってくるけど、みんな「イナカの人」で、ろくな人間はいない。お父さんやお母さんは仕事の関係で時々東京に行くけども、帰ってくると「ああ、疲れた。ほんとに東京は疲れる。なんでトカイの人はああかね」と、東京の悪口ばっかり言ってる。お父さんは「仕事だ」と言ってあんまり家にはいないけれども、どうも浮気をしているらしくて、お母さんの機嫌はあんまりよくない。「家は兄さんが継ぐから、ボクは遊んでりゃいいや」と思っていたら、お父さんが死んだ。お兄さんが家の跡を継いで社長になったのはいいけど、お兄さんはお母さんと仲が悪い。どうも、お兄さんは、お母さんよりも自分のお嫁さんの一族と仲がいいらしくて、おじいさんなんかは、「あいつらは会社を乗っ取ろうとしてる」と言っている。そしたら、そのお兄さんが死んでしまって、弟のボクが社長になることになった。会社のことはおじいさんとお母さんと、それからお母さんの弟の叔父さんの三人でやってるから、ボクはべつになんにもしなくてもいいんだけど、でもお母さんたちは、「もう一人前で社長になったんだから、結婚をしろ」と言う。ボクはしてもいいけど、やっぱりお嫁さんにするんだったら、東京の人じゃなきゃやだ。だってここらの女はダサイんだもん——というのが、「悲劇の三代将軍」源実朝です。

この配役は、お父さん＝源頼朝、お母さん＝北条政子、おじいさん＝北条時政、お兄さん＝源頼家、叔父さん＝北条義時という豪華キャストですが、このホームドラマはまだ続きます。

ボクは社長になったけれども、会社の実権はおじいさんとお母さんと叔父さんが握っていて、「ボクはべつに会社のことなんか関心ないからそれでいいんだけど」と思っていたら、今度は、おじいさんがお母さんや叔父さんと親子喧嘩《げんか》を始めた。原因は、おじいさんが再婚した若い女で、ボクにとっては義理のおばあさんに当たる人が、「自分の娘婿にいい子がいるから、この子を社長にしましょうよ」と言い始めたからだ。お母さんと叔父さんは、「とんでもない！」と怒って、おじいさんを追い出してしまった——ということになります。こういう家庭環境に育った子に、周囲の人間が「まとも」を要求したって無理でしょう。結局、源実朝は二十八歳の年に暗殺されてしまうんですが、「悲劇」というのは、「彼の育った環境」でしょうね。

話し言葉と書き言葉

◎私が『枕草子』を「女の子のおしゃべり言葉」で訳したわけ

「和漢混淆《こんこう》文」は、日本人が日本人のために生み出した、最も合理的でわかりやすい文章の形です。これは、「漢文」という外国語しか知らなかった日本人が、「どうすればちゃんとした日本語の文章ができるだろう」と考えて、長い間の試行錯誤をくりかえして作り上げた文体です。「自分たちは、公式文書を漢文で書く。でも自分たちは、ひらがなで書いた方がいいような日本語をしゃべる」という矛盾があったから、「漢文」はどんどんどんどん「漢字＋ひらがな」の「今の日本語」に近づいたんです。漢文という、「外国語」でしかない書き言葉を「日本語」に変えたのは、「話し言葉」なんです。つまり、日本人は、「おしゃべり」を取り込んで自分たちの文章を作ってきたということです。

『桃尻語訳　枕草子』（河出文庫）第二十五段より抜粋

イライラするもの！

・急ぐことがある時に来て長話する客！　軽く見ていい相手なら「後よッ！」とかってでも追っ払えちゃうけど、そんでも立派な相手だとすっごくイライラしてやんなっちゃう。

・硯《すずり》に髪が入ってすられてんの。あと、墨ン中で石がキシキシってきしんで鳴ってんの。

・急に病気になっちゃった人があるんで修験者を呼ぶと、いつもいるとこにはいなくて、よそを尋ね歩いてる間がすっごく待ち遠しくって時間かかったのがやっとのことでキャッチ出来てさ、喜んで御祈禱《ごきとう》をさせてると、最近モノノケに関係してて疲れてんのかしんないけど、坐《すわ》るとそのまんま寝呆《ねぼ》け声になんの。すっごくイライラする！

・なァんてことない人間がニタニタして、ベラベラベラベラ喋《しゃべ》ってんの！

・丸火鉢の火や四角火鉢なんかに手のひらを返して返してさすったりなんかしてあたってるヤツ！

一体いつさァ、若いヤングがそんなことしてたァ？　年取っちゃったヤツこそがさァ、火鉢の端に足さえものっけちゃって、話しながらこすったりなんかはする訳でしょう？　そんなヤツはさ、人ンとこに来て、坐ろうとするとこをまず扇でもってあっちこっち吹き散らかしてゴミ掃除して、坐っても落ち着かなくてフラフラして、狩衣《かりぎぬ》の前をたくしこんででも坐っちゃうのよ。（そういうことはロクでもないヤツのすることじゃないかって思うんだけど、少しは上等な身分のね、〝式部大夫《しきぶのたいふ》〟なんつったのがしてたのよ！）

あとね、酒飲んでワメいて、唇を撫《な》でまわして、髭《ひげ》のあるヤツはそれを撫でて、盃《さかずき》を他人に押しつけて来る時の感じ。メッチャクチャイライラするって思う。「もっと飲め」って言う訳でしょ？　体震わして頭振って、口の端までひん曲げて、子供の「こォお殿に行ィってさァ♫」なんか、歌うみたいにすんの！（それがよりによって本当に上流人間がなさんのを見ちゃったもんだからさァ、「あー、見たくない」って思うんだわよ）

・なんでも嫉妬《しっと》して自分のことブーブー言って他人の噂《うわさ》して、ほんのちょっとのことでも身ィ乗り出して聞きたがって、教えないのを恨むわ文句言うわ。あと、ほんのちょっと聞きかじったことをさ、自分が初めから知ってることみたいに他人にもベラベラ喋りまくるのって、スッゴくイライラする！

・話を聞こうと思ってる時に泣き出す赤ン坊！
・烏《からす》が集まって飛びかってガアガア鳴いてるの！
・忍んで来る相手を知ってて、吠《ほ》える犬！
・とんでもないとこに隠しといた男がイビキしてんの！
・眠いなァって思って横になってると蚊が細い声でわびしそうに自己主張して、顔の辺を飛び回ってるの！　羽風さえ身分相応にあるのがホント、すっごくイライラすんのよォ！
・ギイギイいう牛車《くるま》に乗って行くヤツ！　「耳が聞こえないんじゃないのォ?!」って、すっごいイライラする。自分が乗ってるんなら、その牛車の持ち主にさえカチーンとなる。あと、話をしてんのにしゃしゃり出て来て、自分一人突ッ走るヤツ！　結局、出しゃばりは子供も大人も、すっごいイライラすんのよ！

・家ででも宮仕え先《オフィス》ででも、「会わないでいたいなァ」って思ってる人間が来たんでウソ寝してるのをさ、あたしが使ってるヤツが起こしに寄って来て「眠ってばっかりああいやだ」って顔して、一生懸命揺するのッ！　スッゴい、イライラする！

・新人がさし出て、物知り顔に教えるみたいなこと言って世話焼くの。すっごいイライラする！

・自分のいい人になってる男が、ムカーシ出来てた女のことを賞《ほ》め口すべらしたりなんかするのも、ズッと前のことなんだけどさ、やっぱりイライラすんの。ま・し・てねさしあたっちゃってるみたいな、ンだとさ、ホント、考えこんじゃうのよねェ。（でもさ、かえってそうでもないなんてことも、ある、みたいよ）

・くしゃみしておまじないするの（大体、一家の男主人じゃないのが大声でくしゃみするのは、すっごくイライラするのよ）。蚤《のみ》もすっごいイライラする。着物の下で躍り回って、持ち上げるみたいにするし。犬が声を合わせて長々と吠えてるの――あー、マガマガしいくらいにイライラするッ！　開けて出入りするところを閉めない人間！　すっごいイライラするッ!!

本章は、橋本治『これで古典がよくわかる』（ちくま文庫）の一部を、橋本治が加筆し再構成したものです。

第4章

コミュニケーションの「わからなさ」について

重松　清

人間は、他人の心を読み取ることはできない。

それがコミュニケーションの原点なのだと、ぼくは思います。

他人の心はわからない。裏返せば、自分の心は他人にはわかってもらえない。人間って、ずいぶん不便なものだと思いませんか？　でも、だからこそ、なかなかおもしろいものだなあ、という気もしませんか？

たとえば、片思い。好きになったひとの心の中を読み取れるなら、こんなに簡単なことはありません。両思いならOK、だめならだめで、それもOK、さっさとあきらめてしまえばいい。自分の思いを相手が勝手に読み取ってくれるなら、ラブレターなんて書かなくていい。ドキドキしてるのがばれちゃうんじゃないかと心配する必要もありません。

でも、ぼくは思うのです、ひとは片思いの経験からコミュニケーションの極意を学ん

い。

でいくんじゃないか、と。

片思いは、なにも異性との関係だけではありません。男同士、女同士の友情だってでいくんじゃないか、と。

シゲマツくんは、ヤザワくんが大好きです（実際、ぼくは矢沢永吉の大ファンです）。でも、ヤザワくんが自分のことをどう思ってるかは、わからない。

さあ、ここからコミュニケーションが始まります。

ヤザワくんに嫌われたくないから、当然、ヤザワくんの嫌うようなことをしてはいけない。でも、相手の言動の一つ一つをどう受け取るかは、まさに十人十色。マニュアルなんてありません。ヤザワくんの行動や発言を観察したり思いだしたりして、「こういうときに、あいつは怒ってたっけ」「あいつは、こんな考え方が嫌いな奴《やつ》なんだ」「意外と、あいつ、こういうシャレは通じるんだなあ」「へえ、あいつ、こんなことを気にする奴なんだ。気をつけなきゃ」……と、ヤザワくんの〝心の輪郭〟を把握していくしかありません。

一方、こっちの思いもヤザワくんにわかってもらいたい。面と向かって「ぼく、きみと友だちになりたいんだ」と言ってしまおうか、いや、それは恥ずかしいから、さりげなく、さりげなく、でもきちんと通じるように……どう伝えよう……。

あー、面倒くさい。

胸の中がモヤモヤして、うざったい。

おまけに、たとえヤザワくんの〃心の輪郭〃をつかんでも、その中身まではわからない。こっちの心を百パーセント完璧《かんぺき》に伝えることのできる必殺技のような言葉や行動だって、なかなか見つけられない。「ぼく、きみと友だちになりたいんだ」と告白すれば、楽になる。でも、万が一「やーだよ」と言われたら、と思うと、今度はまた胸の別のところがモヤモヤしはじめる。

まったくもって、ほんとに、面倒くさい話です。

でも、そのモヤモヤを人間が捨ててしまったら、たとえば小説はちっとも面白くなくなってしまう。

恋愛小説――主人公が「ぼく、きみが好きです」と言って、ヒロインに「わたしはあなたが嫌いです」と返されて、「はい、わかりました。さようなら」。数行で終わってしまいます。

ハードボイルド小説――むかついた、拳銃《けんじゅう》で撃った、死んだ、ざまーみろ。あっというまにエンディングです。

笑い話をしているつもりはありません。現実のさまざまな事件は、いまの〃あっさりしすぎたハードボイルド小説〃にそっくりではありませんか？　あるいは、〃あっさりしすぎた恋愛小説〃の主人公の最後の台詞《せりふ》を「はい、わかりました」ではなく「俺《おれ》は許さないぞ、そんなの」に置き換えれば、これはそのままストーカー事件になっていくでしょう。

だから小説を読んで心を豊かにしてください……なんて、おせっかいなことは言いません。小説なんて、読みたければ読めばいいし、読みたくなければ読まなくてもぜんぜんかまわない。本をたくさん読むよりも、たくさん片思いをするほうが、絶対に、意味がある。

ただ、小説――テレビドラマでも映画でもいいのですが、とにかくそういう〝お話〟には、常に、「相手の心がわからない」「自分の心がわかってもらえない」というもどかしさがあり、「相手の心をわかりたい」「自分の心を伝えたい」という思いがあり、「じゃあ、どうすればいいんだ?」という問いかけがある。それだけは覚えておいてもらいたいのです。

そして、もしもあなたが胸の中のモヤモヤに押しつぶされそうになって、キツくてキツくてしかたないときには、思いだしてください。あなたが生まれる、ずっと、ずーっと以前から、人間は数えきれないほどの〝お話〟をつくってきて、読んできて、その〝お話〟の海の中には必ず、あなたによく似た魚も泳いでいるのだ、と。

＊　　＊　　＊

難しい書き出しになってしまったでしょうか？

でも、じつはこの問題は、ほとんど無意識のうちに、あなたの心に刷り込まれているはずなのです。

童謡や童話を思いだしてみると、コミュニケーションの問題を扱ったものがたくさんあることに気づかされます。

『犬のおまわりさん』——おまわりさんは迷子の仔猫《こねこ》ちゃんに名前や住所を尋ねるのですが、仔猫ちゃんは泣いてばかりいるので、ちっともわからない。困ってしまってワンワンワン、ワンワン、ワワンと鳴いても、さて、仔猫ちゃんに犬の鳴き声の意味は伝わるのでしょうか……。

『どんぐりころころ』——お池でひとりぼっちだった（はずの）どじょうは、どんぐりが来てくれて、うれしくてたまらない。でも、そんなどじょうの気持ちも知らずに、どんぐりは、おうちに帰りたいと泣くだけ。子どもって、残酷です。そして、勝手にお池にはまっておいて、おうちに帰りたいと泣くどんぐりに困惑しながらも、決して「うるせえぞ、このガキ！」とは怒らないどじょうって、すごく優しいと思いませんか？

『やぎさんゆうびん』——白やぎさんも黒やぎさんも、手紙食べちゃだめじゃん。

『ごんぎつね』——人間とキツネが共通の言葉を持っていたら、ごんは兵十にお詫《わ》びの気持ちをちゃんと伝えられていたはずです。コミュニケーションの行き違いの生んだ悲劇です。

『泣いた赤鬼』——人間と仲良しになりたい赤鬼と、その手助けをする青鬼。最後の手紙が泣けるんですね。手紙のいちばんの魅力とは、〃目の前にいなくても伝えられる〃ことなんだと思います。時間と空間の制約を取り払ってくれる。もちろん空間の制約にとらわれないのは電話も同じですが、手紙の場合、そこに時間差も加わる。〃立ち去ったあとに手紙によって届けられる思い〃が生み出した感動のドラマは、たくさんあるはずです。それにしても、人間と鬼は、どうして仲良くなれないんだろう。『桃太郎』なんて、鬼の側から見れば、ただの強盗だぜ。

その他、いちいち具体例は挙げませんが、たとえば主人公の子どもが魔法によって動物とお話ができるようになる、というような設定には、明らかにコミュニケーションの問題がからんでいます。

ぼくは児童心理について専門的に学んだわけではありません。これらはすべて素人《しろうと》のオジサンの発見とコジツケと感想に過ぎないのですが、でも、「わかりたい」「伝えたい」という思いの切実さは、逆に「わからない」「伝わらない」ことの滑稽《こっけい》なまでの悲しさは、意外と子どものほうが素直に受け容《い》れられるものなのかもしれません。子どもはいつだって、自分の気持ちをパパやママにわかってもらいたくて、しかたないのだから。

＊　＊　＊

子どもの頃《ころ》のぼくは、自分の思ったことを他人にうまく伝えられない少年でした。しゃべろうとすると言葉がつっかえてしまう——いわゆる「どもる」。吃音《きつおん》だったのです。

もちろん、言葉だけがコミュニケーションの手段ではありません。でも、言葉が相当に便利なツールだということは、誰《だれ》もが認めてくれるでしょう。出題されたモノを身振り手振りで伝え、それを見た解答者が正解を推理するジェスチャー・ゲームを、あなたはやったことがありますか？　あれは、なかなか正解には至らないからこそ、ゲームとして成立する。言葉抜きのコミュニケーションは、それほど難しいのです。

吃音の少年は、しゃべろうと思えばしゃべれます。「ぼっ、ぼっ、ぼっ、ぼくは……」と、つっかえることさえ気にしなければ、言葉で思いを伝えることはできるはずなのです。

でも、それができない。つっかえてしまうのが恥ずかしい。みんなに笑われるのが怖い。「そんなこと気にするなよ、勇気を出してしゃべってみろ」と言うオトナは——子どもの頃のぼくは、大、大、大嫌いだったし、いまでも、大、大、大嫌いです。

おまけに、幸か不幸か（転校を繰り返していたせいかもしれません）、ぼくは人一倍、誰かに自分の心を伝えたい少年でした。

さあ、どうしよう。しゃべらずに自分の心を伝えるには、どうすればいい？

ぼくは、すぐに友だちを殴る乱暴者でした。

そして、作文を書くのがやたらと好きでした。

殴ってコミュニケーションをとる方法は、やがて自分よりケンカの強い奴は山ほどいるんだと気づいてやめてしまいましたが（高校生になってから、ようやく、ですけど）、文章を書いて他人になにかを伝えるというのは、その後もずーっと自分にとって大切な手段でありつづけ……気がつくと、文章を書くことが仕事になっていました。

幸運だった、と思います。

でも、幸福だった、かどうかはわかりません。

ぼくの胸の奥には、いまも、子どもの頃に言えなかった言葉が、たくさん残っています。真夜中にそれを思いだして、深々とため息をついてしまうこともあります。

もしも「おまえはなぜ、お話を書きつづけるんだ？」と誰かに訊《き》かれたら、ぼくはきっと「子どもの頃に言えなかったことがたくさんあるから」と答えるでしょう。

＊　＊　＊

ぼくの書くお話には、自分の思いをうまく伝えられないオトナや子どもがたくさん出てきます。

その中の一編――短編集『きよしこ』（新潮社）に収めた、『乗り換え案内』というお話を、ここまでぼくの文章を読んでくださったあなたにプレゼントします。ぼくがいま書いてきたことのすべては、『乗り換え案内』のお話に溶け込んでいるはずだから。

最初は、教科書っぽく註釈《ちゆうしやく》とか設問とかを入れるつもりでしたが、あらためて読み返しているうちに、よけいな言葉は付け加えず、ただ黙ってお話を差し出そう、という気持ちになりました。

文字を小さくしてもらいます。

ちょっと長いし、血沸き肉躍る波瀾《はらん》万丈のお話でもないし、べつに無理して読む必要はありません。

ただ、あなたがいつか、「コミュニケーションって、なんだろう」と考えるときが来たら、ぱらぱらっとめくってみてください。

あるいは、もしもあなたが、自分の思いをうまく伝えることができず、相手の心を知りたいのにわからず、胸の中のモヤモヤに押しつぶされそうになったら、「そういえば、重松清がこんなお話を書いてたな」と思いだしてください。「ちょっと読んでみようかな」と本を開いてくれれば、すごく嬉《うれ》しいです。

『ごんぎつね』のごんが、兵十の家の前にこっそり果物を置いていくように、ぼくは、いま、『乗り換え案内』というお話をあなたの心の部屋の前に置きました。

乗り換え案内

ヒメジョオンの白い花を茎からむしると、花粉で指先が汚れた。花を捨て、半ズボンの尻《しり》で指を拭《ふ》く。中日ドラゴンズの野球帽を脱いで、汗で蒸《む》れた髪に風を入れた。アスファルトの照り返しがまぶしい。朝のうちはうるさいくらい鳴いていた蟬《せみ》も、昼下がりのいまはどこに消えてしまったのか、聞こえるのは大通りを行き交う車の音だけだった。

「おにいちゃん、バス来たよ」

母親に手を引かれたなつみが、少年を振り向いて声をかけた。少年は黙って帽子をかぶり直す。目深《まぶか》に、かぶる。母親に顔を見られたくなかった。

バスに乗り込んだ。板張りの床の、古い型の車両だった。ワックスのにおいが鼻をついて、うつむく顔は自然としかめつらになった。

空いていた二人掛けのシートに、母親が先に座ってなつみを膝《ひざ》に抱き取った。保育園の年長組のなつみは赤ちゃん扱いされて少し不服そうだったが、母親はそれにかまわず、少年に「早く座りなさい」と言った。

怒っていない。少年にもわかる。母親を怒らせるのではなく悲しませてしまったから、隣に座ってからも帽子のつばを上げられない。膝の上で握った右の拳《こぶし》が、いまになってずきずきと痛みだした。

バスが走りだすと、母親は軽く息をついて、気を取り直すように笑った。

「最初は緊張するから、しょうがないよね」

少年はなにも応《こた》えない。「ごめんなさい」が言えない。「ゴ」の音が、さっきから喉《のど》につっかえたままだった。

「初日だと、そういうこと、よくあるんだって。だから先生もぜんぜん怒らなかったでしょ。向こうの子もケガをしたってほどじゃないんだし、だいじょうぶよ」

「……うん」

「明日会ったら、『ごめんね』って言えばいいんだから、気にしない気にしない」

それが言えるぐらいなら、最初から喧嘩《けんか》になどならなかった。謝る以前、喧嘩をする以前に、横からちょっかいを出してくるあいつに「やめろよ」と一言――カッとしたせいで「ヤ」の音がつっかえさえしなければ、そのまま、どうということもなく終わっていたはずなのだ。

少年は右の拳を少し強く握り直した。ストレート、いや、肘《ひじ》が曲がっていたから、あれは右フックだった。『あしたのジョー』で覚えた、左ジャブから右ストレートというきれいな順番にはならなかったが、一発で決まった。あいつはかぶっていたドラゴンズの野球帽を足元に落として、左頰《ほお》を両手で押さえて泣きだした。弱っちい奴《やつ》だった。同じドラゴンズの帽子をかぶっていたから、きっとあいつもドラゴンズのファンのはずなのに、あれじゃあまるでジャイアンツ・ファンの奴らみたいじゃないか。

母親はなつみを膝に載せたまま、窮屈そうな手つきでバッグからガリ版刷りの冊子を取り出した。

「あの子、名前なんていうの？」と名簿のページを開く。

表紙に記された『おしゃべりサマーセミナー1971』の文字が少年の目に入った。

少年は知っている。その名前は参加する子どもたち向けのもので、正式な名前は、表紙の隅に小さく書いてある『吃音矯正《きつおん》プログラム』だった。「吃音」の意味はわかる。「矯正」の意味も、なんとなく。

「ねえ」母親は名簿を少年に見せた。「名前、もう知ってるんでしょ？」

少年は「加藤達也」の欄を指さした。

「加藤くんっていうの?」

「そう……」

「家、緑区だって。けっこう遠いのね」

そこまでは知らない。あいつ——加藤くんは、少年のスリッパ履きの足を朝から何度も踏んで、少年がノートをとっているときに机を横から揺らして消しゴムを落としたり、逆に自分の消しゴムかすを少年に吹きつけたりして、最後は少年に殴られて泣きだして……結局、言葉は一度も交わさなかった。

「先生に聞いたけど、今年で三年目なんだってね、あの子。いたずらっ子みたいだけど、一人で通ってきてるなんて、意外としっかりしてるんじゃない?」

「明日から、一人で行けるから」

「そういう意味じゃないって。なに張り合ってるの」

母親は苦笑して、冊子をバッグにしまった。

少年は通路越しに、母親とは反対側の窓を見つめる。流れていく街の景色は、アパートの近所よりずっとにぎやかで、背の高いビルも建ち並んで、子どもたちの姿はまったく見かけなかった。

退屈してむずかりはじめたなつみに、母親は「ほら、あそこ、テレビ塔見えるよ」と窓の外を指さした。

鉄骨を組みあげたテレビ塔は、人口二百万を超えるN市のシンボルだった。五月に学校の社会科見学でまわった。真下から見上げるテレビ塔は巨大な怪獣の骨格標本みたいで、首輪のような展望台に上って見渡す街は、家の一つ一つなんてとても見分けられないほど大きかった。お城が見える。高架になった新幹線の線路が見える。遠くに山も見える。港のまわりのコンビナートは煙突の吐き出す煙にけむって、その先に、広い中洲をつくった大きな川の河口が見える。二年生の夏まで住んでいたガスタンクのある町は、その川の向こう岸の、山を越えたところにあるはずだ。

見学の翌日、学校で作文を書かされた。少年はテレビ塔のことは一行も書かなかった。作文はもともと大の得意だったが、担任の森先生は「肝心なところを書き忘れてるなあ」と、いい点をつけてくれなかった。しかたない。森先生は作文を一人ずつ声に出して読ませる。「テレビ塔」を書いてしまうと、きっと「テ」でつっかえてしまうから。

夏休みの宿題には作文もある。『夏休みの思い出』と題名が決められていた。「おしゃべりサマーセミナー」なら、つっかえずに言える。それでも書きたくない。ぜったいに。こんなものを夏休みの思い出にはしたくない。

加藤くんの顔が、また浮かんだ。今年で三年目ということは、小学一年生からずっと、なのだろう。プログラムは、お盆の休みを挟んで前後期十日ずつ——夏休みの半分がつぶれる。あいつは毎年夏休みを半分しか過ごしていないんだと思うと、加藤くんの体が、少し縮んだような気がした。

目の前が急に明るくなった。母親が手を伸ばして、野球帽のつばを持ち上げたのだ。

「あせらなくていいけど、がんばろうね」と母親は言って、「ね？」と笑った。

少年は黙ってうなずいた。

「あそこに来てる子はみんな同じなんだから、加藤くんとも友だちになれるわよ」

もう一度、黙ってうなずいた。

学年別にクラス分けされたセミナーに、三年生は少年を含めて十八人参加していた。自分と同じように言葉がつっかえてしまう子と会うのは、考えてみれば、生まれて初めてのことだった。

「二学期には、森先生をびっくりさせてやらないとね」と母親が言った。

「……いいよ、そんなの」

少年は小さな声で返して、帽子のつばをまた下げた。

セミナーへの参加を強く勧めたのは、森先生だった。小学二年生までは両親も先生も、そして本人も「しょうがない」ですませていた吃音を、三年生から担任になった森先生は「障害」だと言いきった。戦前の師範学校を卒業した、年寄りの先生だ。子どもは厳しく育てなければいけない、と決めてかかっている先生だった。

そんな森先生に言わせると、吃音は紛れもなく言語障害で、いまの少年は「障害児」なのだという。

このままだと、おとなになっても誰とも口をきかずにすむ仕事——たとえば長距離トラックの運転手のような仕事にしか就けなくなりますよ、と先生は五月の家庭訪問のときに母親に言った。

母親はムッとして言い返したらしい。

「主人の仕事、運送会社なんですけど……」

先生が帰ったあと、母親は「あんまり悔しかったから、ガーンと言ってやったの」と自慢するように少年に言った。そのときの森先生の気まずそうな顔を想像して、少年も、ざまーみろ、と笑った。でも、「ほんとに失礼な先生なんだから。よくあんなので教師ができるよね」とぶつくさ言っていた母親は、話が途切れると、心の中の糸も切れてしまったみたいに、不意にテーブルに突っ伏して泣きだした。ほんとうに悔しかったのは、先生の言葉の別のところだったんだ、と少年はそれで知った。

一学期の終わりの保護者面談で、森先生は母親にセミナーのパンフレットを渡した。家庭訪問のときの仕返しのつもりもあったのか、子どもを甘やかすのは親として失格だ、と強い口調で母親を叱《しか》ったらしい。

父親はその話を聞いて怒りだして、母親も話しているうちに涙声になったが、二人とも最後は、先生の言うこともわかるから、と納得した。

小学一年生から中学三年生までを対象にしたセミナーの参加者は、N市全域から集まっていた。講師も市内の小中学校や養護学校の先生がボランティアで務める。市の中心部にある小学校を借りた会場までは、バスを乗り継いで、しかもふだんより早起きをしないと通えない。授業はお昼過ぎに終わっても、家に帰るのは夕方前になってしまう。

楽しみにしていた子ども会の臨海学校はキャンセルすることになった。クラスの男子でつくった野球チームの練習にも行けなくなって、レギュラーの座が危うくなってしまった。

夏休みなのに、ちっともおもしろくない。

「行かなきゃいけない？」と少年は母親に何度も訊《き》いた。

「行けば、よくなるんだから。きよしだってどもらずにしゃべれるようになったらうれしいでしょ？」

それは――うれしい。うまく話せるようになれば、国語の本読みで言葉がつっかえるたびに森先生が嫌な顔をするのを見ないですむ。友だちとおしゃべりするときも、つっかえる言葉を避けて別の言葉に言い換えずにすむ。

「今年の夏休みだけ我慢すれば、あとはずっとだいじょうぶなんだから」

ほんとう――？

目で訊いただけなのに、母親は「ほんとほんと」と歌うように言って、少年の頭を撫《な》でてくれた。

「ちゃんと人前でしゃべれるようになったら、おとなになっても、自分のやりたい仕事ができるんだから」

少年は乗り物が大好きだった。父親の会社のトラックが走るのを見かけると、幼い頃から歓声をあげていた。おとなになったら、乗り物を運転する仕事に就きたかった。長距離トラックの運転手に、憧《あこが》れていた。でも、それは森先生が母親に言ったような、ひとと口をきかずにすむ仕事だから――という理由などではなかった。ぜったいに。

森先生はなにも知らない。二年生までの先生と違って、森先生はまだ一度も『将来の夢』という作文や、『二十一世紀のわたしたち』という絵を描かせてくれないから。授業のあとの『終わりの会』ではクラス全員にその日の反省を言わせる先生だから。国語の本読みでつっかえたことも反省しなくちゃいけない、と言う先生だから。

あんな先生、大嫌いだ。

でも、母親は少年の頭から手を離すと、教えさとすように言った。

「将来のこともあるし、そろそろお父さんの転勤もあるかもしれないし、やっぱりね、いまのうちになんとかね……先生の言うことは間違ってるわけじゃないし、きよしのことを思って言ってくれてるんだから……」

少年は首を縮めて、背中をもぞもぞさせた。母親に体をさわられたあとは背中が落ち着かなくなってしまう。くすぐったさやむずがゆさとは微妙に違う、首筋にざらついた鳥肌がたつような感触を、三年生に進級してからしょっちゅう感じるようになっていた。

もう母親と二人でお風呂に入ることはない。たとえ冗談半分でも背中に抱きついたりはしない。

母親は毎朝、なつみの髪を三つ編みにする。なつみと二人で楽しそうにおしゃべりをする。それをぼんやり見ていたら鏡台の鏡の中で母親と目が合って、「どうしたの？」と訊かれ、急に恥ずかしくなって黙って部屋から走り去ったことも、何度かあった。

セミナーの二日目も、加藤くんは朝から少年にちょっかいを出しつづけた。三日目も、四日目も、五日目も……背中を小突いたり、すれ違いざま肩をぶつけてきたり、少年が席を離れた隙《すき》に鉛筆の芯《しん》を折ったりする。

もう一度殴ってやりたかった。喧嘩になればきっと負けないだろう。でも、別の教室でなつみをあやしながら授業が終わるのを待っている母親のことを思うと、騒ぎは起こしたくない。学校でも少年はしょっちゅう同級生に殴りかかって、そのたびに母親は相手の家に出かけて頭を下げていた。うまくしゃべれるようになれば、たとえ腹を立てても、殴るのではなく言葉で伝えられる。森先生の言うことは、やはり決して間違ってはいないのだろう。

「やめろよ」

少年は何度も加藤くんに言った。興奮しすぎなければ「ヤ」行はすんなりと言える。

加藤くんは、にやにや笑うだけだ。ちょっかいをやめることはないし、といって、それが暴力じみたものになるわけでもない。語気を強めて「やめろよ」と言えば言うほどうれしそうな顔になり、パンチやキックが届かないようあとずさって距離をとりながら、「ばーか、ばーか」の形に口を動かす。

「加藤くんって、あんたと友だちになりたいのよ。いっしょに遊びたいけど誘うのが照れくさいから、そういうことやってるんじゃないの？」

五日目の帰りのバスで、母親は笑いながら言った。

少年はなにも応えない。「そう思わない？」とうながされても、首を縦とも横ともつかず小さく動かしただけだった。

「こっちから声かけてあげれば？　緑区だったら、バスも途中までいっしょなんだし」

「そうなの？」

「テレビ塔のバスセンターで乗り換えるでしょ。加藤くんも同じだと思うけど」

初めて知った。加藤くんはいつも始業時間ぎりぎりまで教室に来ないし、授業が終わると一目散に教室を飛び出していく。まるで、こんなところには一秒だって長くいたくないんだ、と言うみたいに。

「いっしょに帰ろうよ、って誘ってごらん。遊ぶのはアレでも、同じバスで帰るくらいだったらいいんじゃない？　そうすれば、ほら、加藤くんのいたずらだって少しはおさまると思うし……」

母親は膝の上のなつみを抱き直して、「お母さんもそのほうが助かるしね」と付け加えた。「テレビ塔のところまでは送り迎えしてあげるから」

そこから先を加藤くんと二人で通えば、母親はなつみをいつもどおり保育園に預けることができて、夏休みに入ってずっと休んでいる縫製工場のパートタイムの仕事にも出られる。

「やっぱりね、ずーっと休みだと、他のひとにも迷惑かけちゃうし……」

おしまいのほうの言葉はため息交じりになった。でも、吐き出した息を遠くに押しやるように、母親は「ごめんごめん」と笑う。「変なこと言っちゃったね、ごめんね」

少年は窓の上の車内広告を目でなぞった。鍼《しん》灸院《きゅういん》や仏具店、和菓子屋やパチンコ店に並んで、『どもり・赤面』と大きく書いたクリニックの広告が掲げられていた。セミナーに通いだしてから、そういう広告をしょっちゅう見つけるようになった。『少年マガジン』の読み物ページにも、いままではほとんど気に留めていなかったが、『どもり矯正バンド』『吃音・対人恐怖症　催眠療法カセットテープ』といった小さな広告が、驚くほどたくさん載っている。

少年は目を窓の外に移し、ビルの間に見え隠れするテレビ塔をにらみつけて、言った。

「明日、誘ってみる」

声はバスのエンジンの音に紛れてしまい、母親には届かなかった。なつみが「え？」と振り向いたが、母親はそれにも気づかず、少年が見ていたのとは反対側の景色をぼんやりと見つめるだけだった。

少年は、もうなにも言わない。聞こえなかったことを、かえってよかったじゃないか、とも思った。加藤くんを誘うなんて、やっぱり無理だ。あいつが好きだとか嫌いだとかの問題ではなく、「加藤」の「カ」、「達也」の「タ」——どちらも、大の苦手の音だ。話しかける緊張も加わると、喉につっかえてしまって、窒息しそうなほど顔を真っ赤にしても声にならないだろう。

バスセンターに近づくと、車の流れが悪くなった。乗用車を何台か挟んだ先に、くすんだ水色とアイボリーに塗り分けられた市バスが見える。少年の乗ったバスより一本早い便だった。

加藤くんはそれに乗っているのだろう。ひとりぼっちで、去年やおととしに通ったのと同じ道を、なにを考えながらバスに揺られているのだろう、あいつは。

次の日からも、加藤くんのちょっかいはつづいた。「やめろよ」と繰り返し、拳を振り上げて脅しても、ちっとも懲《こ》りない。あとずさって逃げながらにやにや笑って――喜んでいる。

かまってもらってうれしいのだ。少年にもわかる。友だちになりたいのだ。間違いない、わかる。それが照れくさくて、腹を立てているわりには加藤くんのことを嫌いなわけではないのが自分でも不思議で、加藤くんがちょっかいを出すばかりで一言も話しかけてこないことを思うと、少し悲しくなってしまう。

クラスの十八人の中では、少年の吃音はかなり軽いほうだった。「言葉のつっかえる自分」と「そうでないみんな」の二種類しかなかった世の中が、じつはもっと細かく分かれているのだと初めて知った。

つっかえる音も、ひとによってそれぞれだった。少年のように「カ」行や「タ」行がだめな子もいれば、少年がすらすらと言える「サ」行や「ハ」行でつっかえてしまう子もいるし、「かさ」「つの」のように行の違う音が並ぶ言葉はよくても、「かき」「つち」のように同じ行の音がつづくとうまく言えなくなってしまう子もいる。

加藤くんは、ぜんぶ、だめだった。言葉の最初の音がなんであろうと、息継ぎをしたあとは必ずつっかえる。顔を真っ赤に染め、全身をこわばらせて、「うおっ、おっ、おっ、おっ」とうめくような声を出して……残り少ない息を使って早口にしゃべれるときは、まだいい。十回しゃべるうちの七回は、それっきりだった。

少年も、ときどき――言い換える言葉をうまく選べなかったときは、加藤くんのようになる。言いたかったことが誰にも伝わらないまま喉の奥に引っ込んで、胸に戻ってしまう。しゃべるのをあきらめて口をつぐんだあとは、くやしくて、かなしくて、胸がずしんと重くなって、ときには吐き気にさえ襲われる。

加藤くんの胸の中は、言えなかったことで満杯になっているはずだ。「遊ばない？」「いっしょに帰ろう」「ドラゴンズの帽子、おそろいだよね」……そんな言葉も、胸に降り積もっているのかもしれない。

前期のプログラムの最終日も、加藤くんは廊下ですれ違うときに肩をぶつけてきた。少年は、もう怒らない。知らん顔をしてやりすごし、何歩か進んでから振り向いた。

加藤くんはその場に立ち止まって、少年を見つめていた。拍子抜けして、さびしそうで、それでも少年に振り向いてもらえてうれしそうで、なにか言いたげに口が開きかけたが、すぐに閉じてしまった。

少年は軽く息を吸い込んだ。

いっしょに帰ろうか——。

言えなかった。「ア」行でつっかえたことは一度もなかったのに、喉というより胸がすぼまって、うまく声が出せなかった。

口をつぐんだあとの加藤くんの顔が、泣きだしそうにゆがんだせいだ。

母親の予想どおり、父親は秋の人事異動で転勤することになった。後期のプログラムが始まる前日に内示が出た。九月の終わりに転勤する。少年も学校を替わる。引っ越す先は、日本海に面した人口十万人ほどの街だった。

「運動会まではここにおらしてやりたいんじゃがのう……」

父親はすまなそうに少年に言った。

ものごころついてから、引っ越しは今度で五回目、転校は三回目になる。最初の転校でも、去年の二学期が始まるときの二度目の転校でも、自己紹介でしくじった。「きよし」の「キ」でつっかえた。今度も、このままなら、たぶん。

　少年は子ども部屋に入って、セミナーのテキストを開いた。

　ガリ版刷りのテキストには、ひとの顔を横から見た断面図と、口を正面から見た図がたくさん載っていた。五十音順に、発音するときの口の形や舌の位置、息の通り方が説明してある。その図を見ながら、ゆっくりと、大きな声で、発音の練習を繰り返すのだ。

　息継ぎの箇所に「／」のマークがついた『ジャックと豆の木』も載っていた。息継ぎは深呼吸のように大きく吸い込まなければいけない。音読している間、先生は少年のおなかに手をあてて息が届いているかどうか確かめ、うまくいかないときには「ほら、腹式呼吸！」と軽くおなかを叩く。

　授業には『こそあどゲーム』もあった。教室の床に輪になって座り、真ん中に鉛筆やノートやチョークや黒板消しを置いて、先生が一人ずつ「黒板消しは？」と尋ねる。当てられた子は黒板消しを指さして、自分との距離にしたがって「これ」「それ」「あれ」と答え、たまに先生がその場にない「三角定規は？」などと訊くと、「どれ？」と返すルールだ。

　吃音の子どもは対象との関係がうまくとれないために言葉がつっかえてしまう――という説に基づいたゲームだったんだ、とずっとあとになって母親が教えてくれた。難しいことはよくわからない。ただ、その話を聞いたとき、少年は三歳になる前のあの日のことをぼんやりと思いだしていた。そこにいるはずの両親がいない、がらんとした部屋が浮かぶ。「どこ？」「どこ？」「どこ？」……すべては、両親の姿を見失ったときに始まったのかもしれない。

　少年はセミナーのプログラムの中で、『こそあどゲーム』が特に苦手だった。「これ」が言えない。「失敗してもいいんだよ、そのためのセミナーなんだから」と先生に励まされても、できれば言わずにすませたい。だから、床に座ったお尻をもぞもぞと動かして、少しずつあとずさる。目の前にある黒板消しから距離をとって、「これ」を「それ」に変えてしまう。すると、輪の外に立っている先生に肩を叩かれて、「逃げちゃだめだよ」とやんわり叱られてしまうのだった。

このプログラムをこなして、ほんとうに吃音が治ったり軽くなったりするのだろうか。前期を終えても、しゃべるのが楽になったという実感はない。後期の十日間で楽になれるだろうという予感もない。

この夏休みさえ我慢すれば、うまくしゃべれるようになる——はずだったのに。

将来のことなんて、どうでもいい。

九月の終わりに新しい学校で自己紹介するときに、「きよし」の「キ」がつっかえなければ、それだけで、いい。

少年はその夜遅くまで、布団の中でテキストを広げて小声で発声練習をした。『ジャックと豆の木』も何度も読んだ。

襖《ふすま》を隔てた居間から、両親の低い話し声が聞こえた。母親は転勤を断るよう父親に訴えていた。環境の変化が吃音の原因になる場合がある、とセミナーの開講式の日に教わったのだという。父親は「しょうがなかろうが、仕事なんじゃけえ」と不機嫌な声で返した。

新しい町の、新しい学校の、新しい毎日を、少年は思い描く。想像の中では、言葉は決してつっかえない。作文を書くときもだいじょうぶ。転校して最初の授業が作文だったらいいのに。大の得意の作文で、みんなをびっくりさせてやる。新しい学校の先生が、森先生のように作文を音読させないのなら、すごくうれしい。

後期のプログラムは、前期の復習と応用が中心だった。配役を交代しながら『ブレーメンの音楽隊』の劇をしたり、カスタネットを叩《たた》きながらリズムに乗せてしゃべる練習をしたり、体の緊張をほぐすという中国の体操を教わったりした。

うまくしゃべれない子どもばかり集まった教室は、休憩時間になっても、しんと静まり返っている。毎日顔を合わせていても、お互いのことはほとんどなにも知らない。住んでいる町も、好きなテレビ番組も、趣味も、得意なスポーツも、家族のことも、学校のことも、将来の夢も……。

それでも、授業を受けているうちに、気の合いそうな子はなんとなくわかってくるし、『こそあどゲーム』で輪になって座るときも、自然とグループができるようになる。先生がジョークを言うと、隣の子と顔を見合わせて笑う。おもしろいね。笑っちゃうよね。声に出さなくてもわかることは、ある。床に落ちた鉛筆を後ろの席の子に拾ってもらって、ありがとう、いいよいいよ、と目と表情と身振りで伝え合う。石川さんという女の子は、鉛筆の芯を折ってしまった少年に、香りつきの鉛筆も貸してくれた。

学校の友だちより、みんな、ずっと優しい。言葉がつっかえても、ここでは誰もからかわないから、だろうか。それとも、そもそも言葉をつかおうとしていないから、だろうか。

加藤くんは優しくない。後期に入っても少年にちょっかいを出しつづけた。しつこい奴だ。ドラゴンズの野球帽を頭からむしり取られて遠くに放られたときは、初日みたいに殴ってやろうかと本気で思った。

でも、授業中の加藤くんを見ていると、そんな腹立たしさはしぼんで、消える。

加藤くんには、仲のよさそうな友だちはいなかった。どんな授業でも、クラスのびりっけつだった。三年も通っているのに――いや、びりっけつだからこそ、三年も通っているのだと気づいた。

十八人の同級生の中で三年連続参加しているのは、加藤くんをはじめ四人。二年目が五人。総じて、少年のように初めて参加した子より、二年目、三年目の子のほうが吃音が重かった。そもそも吃音が治った子どもは次の年には参加しないのだ。

　小学校を卒業するまで六年間、中学校を含めると九年間、毎年通いつづける子もいるのだろう。加藤くんも、きっとその一人になるのだろう。来年も、再来年も、その次の年も、加藤くんは一人でバスに乗ってセミナーに通い、友だちになりたい子を見つけてはちょっかいを出しつづけるのだろうか。

　少年はときどき思う。セミナーの友だちは、将来どんな仕事に就くのだろう。おとなになっても、うまくしゃべれないままなのだろうか、みんな。

　少年はもう半ばあきらめている。セミナーに通っても、吃音は治らない。前期の授業では「いいぞ、その調子」と先生に褒《ほ》められることが多かったのに、後期に入ると「うーん、どうしちゃったのかなあ」と首をかしげられることが増えた。調子が悪い、というより、最初から無理だったんだ、とも思う。

　セミナーの友だちも似たようなものだった。ほんのちょっと吃音が軽くなった――「カ」の音が七回つっかえていたのが三回ですむようになった子は何人かいても、すらすらと話せるようになった子はいない。

　それでもみんな、一日も休まず、遅刻も早退もせずにセミナーに通っている。発音練習や腹式呼吸の練習を繰り返し、『こそあどゲーム』をつづけて、二学期が始まるとそれぞれの学校に戻って……いじめられたり、からかわれたりするのだろうか。

　おとなになっても、このセミナーのような場所があるといいのに。町でも会社でも、うまくしゃべれないひとばかり集まって、みんな優しくて、しゃべらなくても誰もが幸せに暮らせる、そんな場所がどこかにあればいい。

　でも――そこはきっと幸せだけど、さびしい場所なんだろうな、と思う。

　後期の五日目に、市のＰＴＡ協議会の副会長だというおばさんの先生が教室に来て、話をした。

「ここに集まっているのは、みんな、同じ悩みを持った十八人の友だちです。ふだんは一人で悩んだり苦しんだりしている君たちも、ここではなにも恥ずかしがらなくていいんです。同じ悩みや苦しみを分かち合って、友情を深めていってください」

先生は「悩み」と「苦しみ」を何度も口にした。「悩み」を背負って「苦しみ」ながら生きていく――まるでマンガの、かわいそうな登場人物みたいだ。

最初はなんとなく照れくさかった少年も、やがてかなしくなって、瞬《まばた》きをするたびに瞼《まぶた》に力をこめた。

他の十七人も、自分の爪を見たり、机の縁を消しゴムでこすったり、スリッパから浮かせた足の踵《かかと》をもう片方の足のつま先で触ったりしていた。

「リラックスしてしゃべればいいんです。気にするから、よけい言葉が出なくなるんです。『どもったってかまわないんだ』と気持ちを楽にして、自分に自信を持ってしゃべることが肝心なんですね」

今度は、むっとした。なに言ってるんだ、と思った。「言葉がつっかえたって気にするな」と、おとなはしょっちゅう言う。「笑われたっていいじゃないか、そんな奴はほっとけ」「吃音なんかにくじけるな」「どもるのも個性のうちだ」……そんなことを言うおとなにかぎって、すらすらと、なめらかに、気持ちよさそうにしゃべる。

先生は教室を見まわして、言った。

「ほら、みんな、顔が下を向いちゃってるわよ。胸を張って、もっと堂々として。吃音なんて恥ずかしいことじゃないんだから」

違う。

ぜんぜん、違う――。

少年は上目づかいに先生をにらんだ。

でも、先生は気づかない。すまし顔のまま、「吃音を笑う友だちのことは、笑い返せばいいのよ。つまらないことで笑う、つまらない奴なんだなあ、って」とつづけた。

少年は身を乗り出すようにして机の両端をつかんだ。手の甲や指先が力んでこわばると、それが腕や肩や背中や顎にも伝わり、全身が小刻みに震えはじめた。

机の脚がかすかに浮いて、板張りの床に落ちる。また浮いて、落ちる。ガタガタと音がして、それでやっと先生は目を少年に向けた。

「どうしたの?」

少年は机から手を離さず、うつむいた。

「顔を上げなさいって、いま言ったでしょ。どうしたの?」

先生の声が少しとがった。

「トイレ?　トイレに行きたいの?　ちゃんと言わなきゃわからないでしょ、先生の話、聞いてなかった?」

幼い子どもを叱るように、言った。

少年は机を持ち上げた。脚を、床に叩きつけた。机の上のテキストやノートや筆箱が落ちるほど、強く、何度も、何度も。

先生はビクッとしてあとずさり、教室の後ろにいた別の先生が「こら!　なにしてるんだ!」と少年に駆け寄って腕をつかんだ。その手を振りほどこうと揉《も》み合っていたら、教室の後ろで椅子《いす》の倒れる音がした。

振り向くと、加藤くんが立ち上がっていた。教卓の先生をにらみつけ、がたがたと痙攣《けいれん》するように身を震わせて、真っ赤な顔で口をわななかせていた。

「うおっ、おっ、おっ、おっ……」

静まり返った教室に、加藤くんのうめき声が響きわたった。

途中から、加藤くんはうめきながら拳を机に打ちつけた。地団駄も踏んだ。うめきつづける。先生をにらみつづける。

教壇の先生は加藤くんから目をそらし、逃げるように教室から出ていった。少年の腕をつかんでいた先生は「休憩だ！　休憩！　五分休憩します！」とみんなに怒鳴った。

加藤くんは最後まで言葉を発することはできなかった。

でも、少年にはわかった。加藤くんの言いたかったことが、確かに伝わった。残り十六人の同級生にも、きっと。

先生が教室を出ていったあと、少年の隣にいた石川さんは、無人の教壇に向かって、あっかんべえをした。

次の日から、少年は加藤くんのちょっかいに反応するようになった。廊下を走って追いかけると、加藤くんはうれしそうな顔で逃げる。たまに少年のほうから背中を小突くと、もっとうれしそうに追いかけてくる。

短くなったチョークをぶつけ合ったり、ドラゴンズの野球帽を取ったり取られたりしながら、二人はいつも笑っていた。でも、いつも、黙っていた。

授業は残り二日になった。休み時間にトイレから戻ると、テキストの上に蟬《せみ》の抜け殻が置いてあった。飴《あめ》色に透き通った、きれいな形の抜け殻だった。先に席についた加藤くんが、こっちを見ていた。目が合うと、やっぱり黙って、笑った。

抜け殻は宝物の箱にしまって新しい家に持っていくつもりだったのに、半ズボンのポケットの中に入れておいたら、アパートに帰ったときには粉々に割れてしまっていた。

一人でしょんぼりしていたら、夕立が来た。「夕立も、もう終わりかもね」と母親が引っ越しの荷造りの手を休めてつぶやいた。

なつみは、植木鉢のアサガオから取った種を、千代紙の袋に大事そうに入れていた。保育園でいちばんの仲良しの美由紀ちゃんにお別れのプレゼントをするらしい。

少年は窓を開け、どしゃ降りの雨の音に紛らせて、「カ」と「タ」の発声練習をしてみた。うまくいかない。「加藤くん」も「達也くん」も言えない。それでも、加藤くんは、少年がこの街でつくった最後の友だちだった。

　セミナーの最終日、少年は母親に「一人で帰っていいでしょ?」と言った。「もう慣れたし、乗り換えもできるよ」

「帰って」と「乗り換え」の「カ」、そして「できるよ」の「デ」が、つっかえた。プログラムをすべてこなしたのに、吃音はけっきょく治らなかったし、軽くもならなかった。

「ねえ、いいよね?」

「うん、それはいいけど」母親は少し残念そうな顔になった。「最後までよくがんばったから、帰りにデパートでごはん食べようと思ってたんだけど」

「本は?」

「一冊だけね、買ってあげる」

「ほんと?」

　迷った。『ドリトル先生』シリーズの、まだ読んでいない巻が欲しい。

　うつむいて考え込んだ少年に、母親はふふっと笑いかけた。

「加藤くんといっしょに帰る約束してるの?」

「……そんなのじゃないけど」

　母親はまた笑って、「デパートは今度の日曜日にしようか」と言ってくれた。


　最後の授業が終わると、加藤くんはいつものようにそそくさと帰り支度《じたく》を整え、走って教室を出た。少年も加藤くんを追いかける。校門の手前で加藤くんのかぶっていた野球帽を奪って、全力疾走で逃げた。

　加藤くんは怒った顔で、でも、待ってました、というふうに追ってくる。

　バス停が、ゴール。ちょうどバスセンター行きのバスが着いたところだった。

　少年が先に乗り込むと、加藤くんは驚いた顔になって、乗降口のステップにけつまずきながらあとを追った。

二人掛けのシートに並んで座った。

目が合うと、加藤くんは、はずむ息をこらえながら、照れくさそうに笑った。

少年も笑う。なにかしゃべってくれればいいのになあ、と思いながら――なにかしゃべりたいのになあ、と思いながら、笑う。

走るバスの中で、二人は肘をぶつけ合ったり、野球帽を交換してかぶってみたり、用済みになったテキストの表紙にかわるがわる落書きをしたりした。じゃんけんもした。勝ったときよりも、あいこが長くつづくときのほうが楽しかった。笑い声が高すぎて、後ろの席のおばあさんに注意された。「すみません」と少年が謝り、加藤くんはぺこりと頭を下げて、二人で肩をすくめて無言で笑った。

やがて、窓の外にテレビ塔が見えてきた。バスは終点に近づいていく。こういう日にかぎって、道路の渋滞はほとんどない。

少年は何度も深呼吸して、セミナーの発声練習を思いだしながら言った。

「来年も、行くの?」

加藤くんは、誘われたと勘違いしたのか、大きく、張り切った様子でうなずいた。

少年は口をつぐむ。俺《おれ》は行けないんだ、引っ越しちゃうから――つっかえる音はなにもなかったのに、言えなかった。

バスは最後の交差点を左折してバスセンターの構内に入り、ロータリーを半周して四番ホームで停まった。

バスを降りる。乗り換え案内のアナウンスが聞こえた。各ホームにバスが到着するたびに流れる乗り換え案内の声は何重にもずれながら重なって、いつも聞きづらい。少年が乗るバスは三番ホームから出発し、緑区へのバスは七番ホームから出る。

お別れだ。二人はそれぞれのバスに乗って、たぶん、もう会えない。

「バイバイ」を言うのが悲しいから黙って歩きだ

したら、加藤くんにシャツの裾《すそ》をひっぱられた。振り向くと、加藤くんはじっと少年を見つめ、顔を真っ赤に染めて、肩を上下させて息を継いだ。

しゃべろうとしている。なにかを伝えようとしている。うめき声が、乗り換え案内のアナウンスに押しつぶされる。加藤くんはあきらめなかった。息継ぎをして、拳を握りしめて、絞り出すような声がやっと出た。

「らい、ねん」

あとは、顔をくしゃくしゃにした笑顔が言葉の代わりになった。

少年は泣きたい気分で笑い返して、「ごめんね」の「ご」が言えないから、「引っ越すんだ、もうすぐ」とだけ答えた。

加藤くんはまだ笑っていた。うれしそうな笑顔だった。乗り換え案内のアナウンスがうるさくて、少年の声が聞こえなかったのかもしれない。

しかたなく、もう一度言おうとした、そのとき――加藤くんは少年の野球帽を奪って、放り投げた。

青い野球帽は、ふわっ、と風をはらんで宙に浮かび、少年の後ろまで飛んでいった。

少年はあわてて駆け出して、ロータリーに落ちた帽子を拾った。

顔を上げると、加藤くんはもういなかった。追いかけてくるのを楽しみに逃げだしたのだろうか。七番ホームに行けば会える。加藤くんは七番ホームで待っている。来年の夏も、いつもの教室で、加藤くんは……。

少年は帽子を目深にかぶり直して、三番ホームに向かって歩きだした。最初はとぼとぼと、途中から小走りになって。

後ろは振り向かなかった。乗り換え案内のアナウンスは重なり合って、ずれながら、いつまでも途切れることなくバスセンターに響き渡っていた。

その夜、少年は『夏休みの思い出』の作文を書いた。

セミナーのことを書いた。

加藤くんを忘れたくなくて、あいつのことを誰かに伝えたくて、「カ」が言えないから名前を「佐藤くん」に変えた。

机に向かう少年の後ろでは、母親が押入れを開け、引っ越しの荷物に紛れないよう長袖《そで》のパジャマを行李《こうり》から出していた。

作文の最後の場面は、迷ったすえ、二人が向き合って「バイバイ」と手を振ったことにした。

それが、少年の書いた初めての「お話」になった。

（『きよしこ』〔新潮文庫〕所収）

読まれちゃ困る?!
BOOKリスト

「中学生のうちからこんなの読まれたら、大人はまいっちゃうな」という本を、本書執筆陣および品川女子学院の先生方に敢えて挙げていただきました。

あ

愛と死（武者小路実篤・新潮文庫） 作家を目指す村岡は友人の妹夏子に思いを寄せる。お互いの気持ちが通じ合ったとき村岡に欧州行きの話が。離れ離れになった2人の激しい愛の手紙のやり取りは凄い！

あなたみたいな明治の女（群ようこ・朝日文庫） 明治の女性を8人紹介。明治という外からの刺激が多い時代に、ある人は昔のしきたりを守り、ある人は社会活動に……。小さなエピソードから彼女らを身近に感じることも多い。

「生きる」を考えるとき（NHK出版） 医者、バイオリニスト、学者、料理人、映画監督等その道の第一線で活躍している人が自らの体験を踏まえ、これから生きていく若者にエールを送る。誰でも挫折してるんだということがわかって頑張ってみる気になれる。

生命《いのち》の暗号——あなたの遺伝子が目覚めるとき（村上和雄・サンマーク文庫） 全遺伝子のうち実際働いているのは約5％。心の持ちようで、いい遺伝子をONにして不要なものをOFFにできると著者は説く。科学の常識を疑う視点が養える。

宇宙からの帰還（立花隆・中公文庫） 宇宙飛行士へのインタビュー取材に基づき帰還後の思想・行動の変化等を綴る。宇宙と神・宗教、政治、ビジネス、男と女。宇宙飛行士が体験したことについて私たちは意外と知らない。

梅原猛の授業　仏教（梅原猛・朝日文庫） 「人生に宗教は必要か？」道徳教育の必要性を唱える著者が

ある私立校で行なった仏教の授業を収録。仏教の基礎知識がやさしく学べると同時にどうやって生きるべきか考えさせられる。

絵本パパラギ（ツイアビ・立風書房） サモアの島の首長がヨーロッパ諸国を回り、自らが見た「文明」について批評、意見を述べている。彼曰く「たくさんのものがパパラギ（ヨーロッパ人）を貧しくしている」。真の豊かさについて考えさせられる。

大人たちの失敗（櫻井よしこ・PHP文庫） 教育・介護・環境・憲法等から、日本人が忘れてしまった他人を思いやる心、物より心の姿勢を取り戻そうと説く。自身のジャーナリストとしての軌跡を綴った章では社会とは何かを突きつけてくる。

か

岳物語（椎名誠・集英社文庫） 小学校以前には一切家庭教育など施さない方針という父が息子、岳の成長を綴る。わんぱくに育った岳がバレンタインチョコをもらう話等数編。オヤバカがわかる本?

カシコギ（趙昌仁《チョチャンイン》・サンマーク出版） 韓国で160万部出た話題作。父親が子供の白血病を日本人女性からの骨髄移植でなおすのに、癌で病んでいる自分の片目（角膜）を売る物語。ディベートに最適。

がんと向き合って（上野創・晶文社） 26歳の新聞記者が2度の再発を乗り越えて現役で頑張る手記。仮名が振ってあって読みやすい。「第2章・死の何がそんなに怖いのか」を読んで欲しい。妻になる美佐子は彼の手術のあと、病室で「結婚しよう」と告げた。

きけわだつみのこえ（岩波文庫など） 若くして戦死した人々の死ぬ間際の記録。学問や夢について記したもの、片思いの人への手紙・家族への遺言、国家に対しての率直な思いもある。

昨日と違う今日を生きる（千葉敦子・角川文庫） フリーの国際ジャーナリストが癌再発を告げられながら、新しいキャリア開拓のためNYへ。病魔と戦いながら、NYの新しい、刺激的な生活を綴る。

銀河鉄道の夜（宮沢賢治・角川文庫） 星祭の夜もジョバンニは病床の母のためにクラスメートとは別行動をしていたのだが、少しだけ空を見上げると、何時の間にか親友と銀河鉄道に乗車していた。「幸いとは何か」という台詞に注目。

恋人たちの森（森茉莉・新潮文庫） 大学を中退したパウロは酒場で東大講師でハーフのギドウに出会う。ギドウはパウロを愛しながらも人妻とも関係を持ち続けていたが……。重厚な文体で読むうちに自分が現実世界から離れていくような感覚に落ちていく。教科書には絶対載らないだろう。

国語入試問題必勝法（**清水義範・講談社文庫**）いきなり国語の文章題から始まるこの小説、登場人物は国語（現代文）が苦手な生徒と家庭教師。家庭教師は国語入試問題の「公式」を教えていく。痛烈に入試国語を批判した作品。この公式、一度試してみない？

さ

三四郎（**夏目漱石・新潮文庫など**）九州の田舎から上京してきた青年が様々な人と出会い成長していく。日本の小説を読むということは、漱石を読むということ。特にこれは「若さ」「異性」「私」といったものを描ききっている、まさに日本の青春小説の原型。

字幕の中に人生（**戸田奈津子・白水Uブックス**）映画字幕第一人者のエッセイ。映画字幕の作られ方から「映画字幕のプロの養成に積極的でない映画業界」の中で、いかにして彼女が認められるようになったかという彼女の軌跡まで。お勧め映画も。

17歳のポケット／15歳のポケット（**ともに山田かまち・集英社文庫**）著者は17歳で他界。「生きる」「音楽・絵」「映画」「恋愛」「世の中」等を題材とした激しい詩が並ぶ。著者と同年代の者には「自分」や「人生」を考えるきっかけになるのでは？

人生の教科書［よのなかのルール］（**藤原和博＋宮台真司・ちくま文庫**）「報道２００１」や「ＮＨＫスペシャル」、参議院文教・科学委員会や朝日新聞でも話題になった伝説の教科書。「1個のハンバーガーから世界が見える」などが収められた「よのなか」科のバイブルで単行本出版時、全国図書館ブッククラブ推薦図書。

世界の教科書は日本をどう教えているか（**別技篤彦・朝日文庫**）世界各国の社会科教科書を紹介した本。各国の歴史、教育システムが見えてくるのはもちろん、世界の国々が日本のことをどう紹介しているかがわかる。中には「日本の家には家具がない」なんていう記述も……。

全国アホ・バカ分布考（**松本修・新潮文庫**）「お前はアホか」と「お前はバカか」の違いは何か？　地域による差はあるのか？　学問の素人が、学問によってその謎を解決していく。疑問を持ち、考え、調べ、知り、快感を得る。学問とは何かがよくわかる。

センス・オブ・ワンダー（**レイチェル・カーソン・

新潮社）子供の持つ「自然の不思議さを感じ取る力」をどう育むかを平易に綴る。目・耳・鼻・指先の使い方を子供たちと共に学びなおし、一緒に「感じよう」。30分で人生が豊かになる本。

た

台所のおと（**幸田文・講談社文庫**）料理屋を営む佐吉とあき夫婦。あきは佐吉の病状を医師から知らされ動揺する。その動揺を佐吉はあきが立てる「台所のおと」から察する。視覚以外の感覚に訴えてくる。著者は近代屈指の名文家。よい文章は、視覚以外の感覚に訴えてくる。

田辺聖子の今昔物語（**田辺聖子・角川文庫**）庶民をはじめとしてあらゆる階層の人々の泣き笑い、怒り悲しみ、恋模様を描く。漢字が多用され古語も多いが、なんとなく雰囲気が伝わってくるから不思議。

「人間の底にあるもの」をユーモアたっぷりに。

つめたいよるに（**江國香織・新潮文庫**）愛犬デュークが死んでしまった翌日、電車の中で私が泣いていると、ハンサムな男の子が声をかけてきた。その日私たちはデートをし、彼は別れ際にデュークと同じキスをした――。心温まる短編集。

な

ナイフ（**重松清・新潮文庫**）『ワニとハブ』が収められた短編5編からなる文庫だが、表題作は中学生の息子を持つ父を主人公とした作品。『エビスくん』ではじめて、相棒としての友人の物語が書けたと重松は語る。坪田譲治文学賞受賞作。

なぜ仕事するの？（**松永真理・角川文庫**）人生って意外に長くて、結婚するだけじゃ退屈みたい。仕事って退屈しのぎになるかも？　なんて考えていた著者がｉモード開発に至るまでの心の揺れを綴る。結婚と仕事に関する分析は必読。

は

箱男（**安部公房・新潮文庫**）ダンボール箱を頭からかぶり都市を彷徨うという異常な設定の中から、ほんとうのことが感じられる気がする。小説や演劇の存在意義を、漱石のような「正しさ」とは違った方面から表現した小説。

二十歳のころ（**立花隆＋東京大学教養学部立花隆ゼミ・新潮文庫**）東大生が68人の有名無名人にそれぞ

れの20歳の頃を取材した本。立花氏曰く「20歳の頃というのはどの人にとっても人生が不定形からある形を成していく時期」。20歳前後の人は必読。

遥かなるケンブリッジ（**藤原正彦・新潮文庫**）数学者の日常生活って？　本書は日本の数学者が、家族と共にイギリスに留学したときの生活を描いたエッセイ。イギリスの大学教授たちのこと、息子が受けたいじめなどからイギリスという国も探っていく。

「人を殺してはいけない」と子どもに教えるには（**ヘンリー・クラウド+ジョン・タウンゼント・花風社**）子供は未来を考えて育てなければならない、とは親にとって耳が痛い言葉。目標となる大人像を示し、それを実現するための躾の方法を具体的に述べる。子供に影響を与えるのは親だとしみじみ認識させられる。

ぶらんこ乗り（**いしいしんじ・理論社**）ミヒャエル・エンデの『モモ』を彷彿とさせるが、『ハリー・ポッター』のようなハチャメチャさはない。語り手は小学校4年生の女の子なのだが、宮沢賢治のような音楽性と透明感があり、最後には泣ける。絵本のような小説。

ベルナのしっぽ（**郡司ななえ・角川文庫**）「天声人語」でも紹介された盲導犬物語。黒柳徹子さんや山田太一さんも推薦。13年間盲目の著者に連れ添ったベルナの死、著者はベルナとの生を振り返る。2006年、白石美帆主演で映画化。

ぼく、このままでいい？（**小原瑞穂・祥伝社**）主人公は知的障害者だ。著者である姉はあるとき、実際は36歳なのだが4、5歳ぐらいの知能だと診断された弟の言葉で、弟の自分史を書いてみようと思い立つ。『アルジャーノンに花束を』（早川書房）と併せて読んでほしい。

ま

マイ・ラッキー・スターズ（**シャーリー・マクレーン・早川書房**）ハリウッド女優がハリウッドという究極の競争社会での経験と、そこから得た人生哲学を語る。ハリウッドから政治の世界へも足を踏み入れた異色の経歴を持つ彼女。代表作『愛と追憶の日々』を見てから読んでみましょう。

ミスター・ヴァーティゴ（**ポール・オースター・新潮社**）オースターは何を読んでもよいが、一番新しいものを。街の悪がきウォルトがある日「お前が空を飛べるようにしてやる」という男に出会う。ファンタジーの世界と1920年代アメリカの現実世界との融合。読むと元気が出る。日本の作家にはオースターをパクってる人多数。

ミッドナイト・コール（**上野千鶴子・朝日文芸文庫**）フェミニスト上野千鶴子が今まで語らなかった「自分」を語る。一流の学者はただ単にガリ勉の秀才であるだけではないということがわかる。情熱、あるいは生きる力が強くなければ、勉強などできないのです。これを読んでから彼女の有名な著作を読んでみては?

もの食う人びと（**辺見庸・角川文庫**）固定化した自分の概念を、事実によって破壊してくれるのがよいルポルタージュだとするなら、その典型。ものを「食う」という行為を、冷静に客観視していく。最初の「残飯を食らう」バングラデシュから衝撃の連続。

モモ（**ミヒャエル・エンデ・岩波文庫**）ある日から街のみんなが時間を節約するようになった。どんどん生活が味気なくなっていく。それは時間貯蓄銀行の灰色の男たちの仕業だった。少女モモがみんなの時間を取り返す。あなたは時間とどう向き合ってますか?

森の生活（**H・D・ソロー・岩波文庫**）著者が28歳のときから2年半にわたって人里離れた湖畔に住み、思索・読書・畑仕事の生活をしたときの記録。文明社会に生きている私たちにとって所々に耳の痛い言葉が……。本当にじっくり読める分量。

や

友情（**武者小路実篤・新潮文庫**）自尊心の強い脚本家野島と世に認められつつある作家大宮は厚い友情で結ばれていたが、野島は大宮のいとこの友人杉子に恋をする。大宮はそれをうすうす感じながらも杉子に妄想を暴走させる……。あなたも経験ありなのでは?

ら

ライ麦畑でつかまえて（**サリンジャー・白水Uブックス**）高校を追い出されたホールデンがニューヨークをさまよう。欺瞞に満ちた大人社会に反抗する青春小説の古典。「大人」になってから読んだのでは遅い。この本に素直に入り込めるかどうかが「大人」と「子供」との境界線。

流星ワゴン（**重松清・講談社文庫**）この教科書で初めて重松作品と出会った読者には、この本は毒かもしれない。家族の日常から離れて、映画『ゴースト』の様な世界が展開するからだ。父親と和解できない全ての父に読んでもらいたいと思う。そして、その息子にも。

竜馬がゆく（司馬遼太郎・文春文庫） 泣き虫で体が弱く何の取り柄もなかった竜馬が江戸で有名な千葉道場に入門しめきめき力をつけ、時代を経て倒幕の旗手となった。読後「坂本竜馬」ってなんかいいなあと思ってしまう。歴史の勉強にもなって一石二鳥。

わ

わが人生（キャサリン・グラハム・TBSブリタニカ） 弱小新聞だった「ワシントン・ポスト」を米国屈指の有力紙に成長させた女性の伝記。ホワイトハウスを相手に戦ったウォーターゲート事件の裏側など、当時珍しかった「女性社長」の活躍は、読みどころ多し。

教材テキスト

本書の講義の元となった品川女子学院での授業で、生徒たちに配布した重松清氏の作品をご参考までにここに掲載します。
『ワニとハブとひょうたん池で』と『エイジ』の、いずれも一部抜粋です。

ワニとハブとひょうたん池で　重松　清

1

町にワニが棲《す》みついた。

あたしが新聞記事でそれを知ったのは、夏休みが始まってしばらくたった頃だった。

記事によると、「大泉公園のひょうたん池にワニがいる」という噂《うわさ》は、夏休み前からひそかに流れていたらしい。中年のアマチュアカメラマンが草むらを歩く体長九十センチほどのワニを目撃したのが五月、もっとさかのぼって、四月と前の年の九月にも、造園関係の人がワニらしき生きものを見かけていたそうだ。

あたしの家は、公園と二車線道路を隔てて建つ四階建てマンションの最上階、ベランダに出ればひょうたん池をほとんど一望できる位置だ。町が寝静まった深夜には、サカリのついた捨て猫が公園のあちこちで鳴き交わす喉《のど》を絞めつけるような声が、びっくりするほどくっきりと聞こえてくることもある。

だから、ワニを見かけた人が悲鳴をあげればきっと気づいたはずなのに、妙なところで皆さん慎み深く、そのくせ新聞が報道するやいなや「僕も見ました」「私も見たんです」なんて次々に名乗り出るものだから、寝坊したあたしが朝刊を手にあわててベランダに出たときには、すでに池の周囲は報道陣や野次馬であふれ返り、こっそりエサを差し入れしてあげられるような状況じゃなくなっていた。

あたしは、ワニが好き。絵本やアニメに出てくる擬人化されたワニじゃなくて、もっとリアルな、水草のぬめりや泥のにおいをまとわりつかせた、ワニ。口がばっくりと裂けて、いつもおなかを地面にすりつけて、一日二十四時間をあたしたちの五分の一ぐらいのテンポで生きているような、ワニ。カメの甲羅にはなんの興味もなかったけど、ワニの背中には一度乗ってみたいな、と子供の頃からずっと夢見ていた。

ときどき、不機嫌で憂鬱《ゆううつ》で、「もう、どうだっていいやあ……」とつぶやいてしまうようなときには、ワニに食われて死んじゃうのも悪くない、と思う。ワニの歯はくさびみたいに尖《とが》っているけど、口のサイズが大きいぶん一気にことは運ぶはずだから、トラに食べられてしまうより痛くなさそうな気もする。少なくとも、何百尾ものピラニアに噛《か》みつかれるよりは、ずっといい。

ひょうたん池にワニが棲みついているのを知ったとき、あたしは「もう、どうだっていいやあ……」のまっただなかにいた。ワニに食われて死んじゃおう、かなり真剣に思っていた。

だから。

あたしがワニに差し入れしてあげるつもりだったエサは、十四歳のあたし自身の体だったのだ。

ある朝目覚めたら毒虫に変身していた……という外国の有名な小説があるらしい。あたしはまだ読んだことがないけど、自分が毒虫になっていることに気づいたときの主人公の気持ちは、なんとなくわかるつもりだ。

一学期の期末試験を数日後に控えた七月初め、あたしは一夜にしてハブになった。

もちろん、ヘビになったわけじゃない。村八分のハチブを略して、ハブ。基本的には名詞だけど、動詞みたいにも使える。ハブらない、ハブります、ハブる、ハブるとき、ハブれば、ハブれ、ハブろう。あたしは、クラスの仲間からハブられた。要するに、つまはじきにされてしまったというわけだ。なんの前触れも、理由もなく。

「おはよっ！」

あの朝、あたしはいつものように元気いっぱいに教室に入っていった。でも、あちこちから返ってくるはずの朝の挨拶《あいさつ》がない。

あれ？　と一日の出端《でばな》をくじかれた感じだったけど、まだその時点ではさして気に留めずに自分の席についた。

「ゆうべさあ、まいっちゃったよ、留守録失敗しちゃって」

近くにいたナナコちゃんに声をかけたら、ナナコ、逃げた。逃げて、他のコたちのおしゃべりに合流した。このあたりで、胸がざらっと毛羽立ってきた。

あたしはとっさに口実を見つくろって、隣の席のミドリちゃんに言った。

「あのさ、ちょっと数学の宿題、見せてくれない？一問できなかったのがあるんだけど」

ミドリちゃんも、無言で席を立つ。

「……えーっ、なに？　それ」

とぼけたリアクションをしたつもりでも、声が微妙に震えるのが自分でもわかった。嘘《うそ》だよね、これ。すがる思いで後ろを振り向くと、アイちゃんは素知らぬ顔で、そっぽを向いた。ニキビが悩みのアイちゃんの頬に触れたあたしのまなざしは、まるでゴミ箱に放られる紙くずみたいに、ぽとりと床に落ちてしまった。

まさか……と嫌な予感は認めたくない確信に変わり、それを頭の中で巡らせる間もなく、床に落ちたまなざしが数人ぶんの上履きで踏みつけられた。

顔を上げると、四月に同じクラスになって以来なにかと折り合いの悪かったサエコが、腰巾着《こしぎんちゃく》のコを引き連れて立っていた。

「あのね」サエコは薄笑いを浮かべて言った。「あんた、今日からハブだから」

「ミキちゃん、かわいそーっ」とジュリの声があたしの肩を小突き、カオリが「がんばってねえ」と歯ぐきを剝《む》き出しにして笑う。

ちょっと待ってよ、なんであたしがハブられなきゃいけないのよ。理由を教えてよ。あたしに悪いところがあったら直すから。

なんて、訊《き》けるわけない。あたしにだってプライドがある。机の上に置いた自分の手の甲を無表情に見つめる。それがせいいっぱいだった。

サエコたちが立ち去ったあと、あたしはゆっくりと、慎重に教室を見回した。ウチの学校は私立の女子校なので、クラスは女の子ばかり三十七人。あたしを除いて三十六人。サエコは予想以上にクラスをまとめあげていた。周到に準備して、満を持してのハブ開始だったのかもしれない。目が合ったコは弾が命中すると標的が倒れるシューティングゲームみたいに次々にうつむき、その中には、親友だと信じていた同じ小学校出身のホナミも含まれていた。

クラス全員。どこにも逃げ込めない。あたしの視線を受け止めてくれるのは、黒板の隅に記された『今日の日直』の丸っこい文字だけだった。

その日以来、あたしは二年B組のハブになった。

誰も口をきいてくれない。目が合うと薄笑いを浮かべて顔をそむけ、廊下ですれ違うときには大袈裟《おおげさ》な仕草で身をかわす。

ハブの噂は他のクラスにも広がっていった。最初のうちは「だいじょうぶ?」と心配そうに声をかけてくるコや、「すぐ元どおりになるって」と言ってくれるコも何人かいたけど、やがてどのクラスのどのコも、あたしをハブるようになった。

理由なんて、ない。みんな退屈している。そして、やたらと厳しい校則や二年生になって急に難しくなった勉強のせいで、たぶん鬱屈《うっくつ》もしている。暇つぶしと欲求不満の解消のために、誰かをハブっちゃおう。それだけのことだ。

あたしはなにも悪いことなんてしてない。誰かを裏切ったり、誰かに意地悪したり、誰かにつらい思いをさせたことなんて、まったくない。

そこが悔しい。悲しいんじゃなくて悔しいんだ、と思いたい。

憎まれているのなら、まだましだ。「あんたなんか大嫌い!」とハブってくるのなら、あたしだって「負けるもんか!」と、みんなの背中をにらみつけてやれる。でも、実際は違う。みんな笑っている。ひとりぼっちになったあたしを見て、楽しんでいる。これはゲーム。ただの悪ふざけ。怒ったり泣いたりしたら、みんなの思うツボだ。それがわかっているから胃が痛くなるほど悔しくて、眠れなくなるほど、やっぱり悲しい。

一学期が終わるまでハブの状態はつづいた。

終業式の日、ちょっとだけ期待した。きりがいいから、このへんでやめようか。誰かが言いそうな気がした。サエコは飽きっぽいコだし、ジュリは期末試験が予想以上の好成績だったとかで機嫌がよかったし、ホナミ、あんたが「そろそろやめない？」と言ってくれれば一番いいのに。

でも、なにも変わらなかった。ホームルームが終わって先生が教室から出て行くと、サエコがクラス全員に聞こえるように言った。

「裏切るなよお、裏切ったらハブっちゃうよお！」

みんな、無言でうなずいた。あたしはそっぽを向いていたけど、それくらいわかる。わかるから悔しい。つまらない期待をしてしまった自分が情けなくなり、自分にまで情けなく思われてしまう自分が大嫌いになった。だけど、あたしはあたしをハブれない。あたしにハブられたら、あたしが終わる。それができれば楽なのにな、という気がしないわけじゃないけど。

夏休みに入ってからも、遊びに行こうという電話なんてかかってくるわけがない。ずっと家に閉じこもりきりの毎日だった。親には「七月のうちに宿題やっちゃいたいから」とごまかしているけど、いつまでも通用はしないだろう。なにしろ、ハブの始まったあの朝までは、「少しは家で勉強しなさい！」というのがお母さんの口癖だったぐらい外で遊びまわっていたのだから。

しかも、ゲームは夏休みの間にも着々と進行していた。

毎日のように差出人名のない手紙が届けられる。封筒の中には、新聞記事のコピーが一枚入っている。イジメで自殺した中学生や高校生の記事だ。

お金と手間暇かけてよくやるよ、なんて苦笑いを浮かべる余裕はない。いまは封筒の手紙だから「友達と文通ごっこしてるんだよ」とお母さんの目をごまかすことはできる。でも、もしもハガキになったり、いたずら電話がかかってくるようになったら……。

ワニがひょうたん池に棲んでいることがわかったのは、夜なかなか寝付かれなくなり、ごはんが美味《おい》しくなくなった、そんな頃だったのだ。

あたしの町は、都心のターミナル駅から私鉄の準急電車で約二十分、『超』が付くほどじゃないけど、まあ高級の部類に属する住宅街。バブル景気の頃には、「えーっ、うそォ」と言いたくなるような古い家でさえ一億円未満では手が届かなかったらしい。

人気の秘密は、なんといっても緑の多さだ。朝は小鳥のさえずりで目覚めることができるし、ジョギングや散歩のコースに不自由することがない。都心から近くて、自然が豊か。駅前の開かずの踏切を除けば申しぶんない、その環境を支えてくれているのが、町の中心にある入園無料・二十四時間立ち入りOKの大泉公園だ。

ずーっと昔に豪族のお城があったというこの公園には、湧《わ》き水がつくったひょうたん池をはじめ、日帰りで楽しめる程度の自然が、まるで幕の内弁当みたいに揃《そろ》っている。ひょうたん池の中には天然記念物に指定された浮島があり、島の隣には自然観察園があって、岸辺には野鳥の森と、ソメイヨシノが三百本近く植えられた広場。ひょうたん池の隣にはボート池もあって、そこは子供専用の釣りゾーンにもなっている。

この町に生まれ育った人の休日の思い出は大泉公園とともにあると言ってもいい。子供時代はなじみの遊び場で、やがて勝手知ったるデートコースになり、結婚してからは安上がりに家族サービスのできる切り札ということになる。

そんな大泉公園に、こともあろうに体長九十センチのワニが棲みついてしまったのだ。

ひょうたん池の岸辺は連日、報道陣や野次馬であふれ返った。公園の周囲の道路は違法駐車の車で一車線が完全にふさがり、売店のおばさんはテレビのインタビューに答えて「ええ、ええ、おかげさまで売り上げも伸びてましてねえ」と金歯を覗《のぞ》かせて笑っていた。この調子なら『大泉公園名物・ワニまんじゅう』や『元祖ワニもなか』まで売り出しかねないにぎわいだった。

もちろん、近所の住民は、のんびり騒動を楽しんではいられない。我が家みたいにマンションの上階ならともかく、一戸建に住む人は気が気じゃない。お母さんがスーパーマーケットや美容院やテニス教室で仕入れてくるご近所の様子も、どこの家も生ゴミを夜のうちに出さなくなったとか、ダンナの帰りが早くなったとか、雨戸を閉めて寝るようになったとか、飼犬を夜には玄関の中に入れておくとか……

そんな感じだった。

　ふだんはただそこにあるだけという公園の管理事務所も、世間の注目を浴びて張り切ったのか、八月早々からワニ捕獲作戦を始めていた。といっても、ひょうたん池やボート池にイカダを浮かべるだけの、捕獲と言うより確認作戦だ。

　それでも、ワニが池から現れる瞬間を見届けようと、野次馬たちは双眼鏡をかまえ、カメラの三脚をセットする。無意味に声をひそめて「ワニは、まだ姿を見せません」と報告するワイドショーのレポーターの隣では、小学生の男の子がアイスキャンディーを嘗《な》めながらピースサインをテレビカメラに向ける。

　あたしは、そんな池の様子を、ベランダの手すりに頬づえをついて、ぼんやりと眺める。

　もしもワニが見つかったら、どうなるんだろう。まさか射殺や毒殺なんてことにはならないだろうけど、たぶん動物園から飼育係がとんできて、麻酔銃でも撃つのか網をかぶせるのか、どっちにしても捕まえてしまうはずだ。

「いいじゃん、ワニぐらいいたって……」

わざと声に出してつぶやくと、一学期より少し削《そ》げてしまった頬を苦笑いが滑り落ちていく。

　ひょうたん池のにぎわいは、窓を閉めていても部屋まで聞こえてくる。ときどき、野次馬の笑い声が、こっちに向けられているような気がしてしまう。

　八月に入ると、差出人不明の手紙は届かなくなった。でも、それでゲームが終わったわけじゃない。週に三日通っている塾にまで、ハブのゲームは広がってしまった。ホナミだ。あのコが、なんの関係もない別の中学のコまで誘ったんだ。

　せめてもの意地で、一度だけ、塾の教室でホナミに言ってやった。

「学校と違うんだよ？　サエコとかジュリとかエッコとか、誰もいないんだよ？」

　ホナミはこわばった顔でうつむいて、バッグから出した英語のテキストを机に広げた。ページが違っていたので、「今日、そこじゃないよ」とあたしは言った。ホナミはうつむいたまま席を立ち、別のコのところに小走りに逃げた。追いかけようと思って、でも、やめた。すがりつくのなんてみっともないじゃん。そう自分に言ったとき、急に胸の鼓動が高まった。すがりつく？　あたしが、ホナミに？　なんで？　やだ、そんなの……。

ベッドに入っても、明け方近くまで眠れない。胃が痛い。ごはんは冷麦やそうめんしか食べられない。肩が凝って、奥歯が歯ぐきから浮き上がってしまったみたいだ。ニキビが消えない。関係ないと思うけど、生理だって、八月は一週間も遅れて始まって、しかも生理痛がひどかった。「夏バテしちゃった」という嘘にだまされてくれるお父さんやお母さんの人のよさに感謝している。でも、だからこそ、ハブのことを両親が知ったら……と思うと、急に息苦しくなって、胸がきしむように痛くなる。

八月の半ば頃、夜になって池の周囲が騒然としたことがあった。ベランダに出ると、テレビのライトが水面を照らし出していた。パトカーのサイレンも遠くから聞こえてくる。

「ワニ、捕まったのか？」

お父さんも缶ビール片手にリビングからベランダに出てきた。

「わかんない」とかぶりを振ると、キッチンで洗い物をしていたお母さんまで出てきて「ミキ、ちょっと行って見てくれば？」と笑いながら言った。

お父さんは「ここからじゃ、無理だな」と言ってあたしを振り向き、「そっちからだと見えないか？」と訊く。

「……わかんない」

「散歩がてら三人で見に行くか？」

「ううん、あたしは、いい」

「あれ？」お父さんの隣で、お母さんが甲高い声をあげた。「ねえ、門のところにいるの、ホナミちゃんじゃないの？」

手すりから身を乗り出して公園の入り口を見てみると、ほんとだ、ホナミがいる。数人のグループで、バス停のベンチに座ってソフトクリームを食べている。いっしょにいるのも全員同級生だ。この町に住んでいるのはクラスでホナミとあたししかいないから、みんなワニ見物に来たんだろうか。それとも、ハブの家の場所を確かめて、二学期からのゲームの作戦を練っているんだろうか……。

「おっきな声出したらわかるんじゃない？　ホナミちゃんに、なにがあったか訊いてみれば？」

「そうだよ、うん、そうしろよ、ミキ」

お父さんとお母さんがあたしを見る。笑わなくちゃ。「いいよお、そんなの、みっともない」って、明るい声で言わなくちゃ。必死に自分に命じたけど、頬も唇も、こわばったまま動いてくれなかった。

あたしは黙って部屋に戻った。怪訝《けげん》そうな顔で首をかしげあい、まあ難しい年頃だからね、と苦笑いで納得しあう両親の姿が、はっきりと想像できた。

その夜、あたしは布団《ふとん》を頭からかぶって、ハブになって以来初めて泣いた。家にだけはこないで、家だけはやめて……枕《まくら》に顔を押しつけて、声にならないうめきを漏らした。お父さんやお母さんの前では、いつもの元気で明るいあたしでいたい。両親への気遣いとか、そんなのじゃない。うまく言えない。でも、あたしがこんなに苦しんで落ち込んでいるのを、お父さんとお母さんにだけは知られたくない。好きな男のコの名前を内緒にしたり、たとえお母さんとでもいっしょにはお風呂《ふろ》に入りたくないのと、たぶん同じ理由で。

池の騒動の原因は、翌朝、わかった。

ワニが見つかったわけじゃなかった。野次馬の酔っ払ったオヤジが、調子に乗って池に飛び込み、パトカーで連行されただけだった。ばか。

2

九月に入ると、ワニの確認および捕獲作戦はいっそう強化されることになった。池に浮かべるイカダの数を増やし、鉄製のカゴを用意して、エサでおびき出す。エサは馬肉。わざわざ動物園からライオン用のものを分けてもらったらしい。

学校が始まったこともあって、ひょうたん池の野次馬の数は一時ほどではなくなったけど、そのぶん、ワニが姿を現した瞬間をぜったいに見届けてやるんだという執念みたいなものが岸辺に漂っている。野次馬の精鋭が居残ったという感じだ。

でも、あたしはまだ一度も池に出かけたことはない。ワニが大好きだから、興味本位で集まってくる野次馬たちといっしょになんかなりたくない。

それに、正直に言って、外に出る気力も失《う》せていた。二学期になっても、あいかわらずハブのまま誰からも口をきいてもらえず、目も合わせてもらえない。「もらえない」なんて言うのは悔しくてたまらないけど、もう意地を張って強がることにも疲れてしまった。

始業式の日、夏休みの間も学校に置きっぱなしだった折り畳み傘が壊されていることに気づいた。夏休みの美術の宿題だった風景画を丸めて机の中に入れておいたら、いつのまにかぺしゃんこにつぶされていた。画用紙には上履きの跡がくっきり残っていたけど、犯人探しなんて無意味なことだ。

ホームルームや授業で配られるプリントも、あたしを抜かして後ろに回されるようになった。「全員に回りましたか？」と先生に訊《き》かれ、「すみません、取るの忘れてました」と教壇まで貰《もら》いに行く背中に、三十六人の忍び笑いが貼《は》りつく。恥ずかしさと悔しさに目を伏せて席に戻ると、椅子《いす》に画鋲《がびょう》が置いてある。丸めた紙屑《かみくず》のときもある。紙を開くと、『まだ死なないんですか？』と書いてある。

ほんとうに死んであげようか？　遺書にクラス全員の名前書いて、新聞社とかテレビ局とかに送り付けてから、みんなが見てる前で校舎の屋上から飛び降りてあげようか？

冗談。でも、ちょっとは本気。

夜中に、ぜんぜん眠れなくてベッドから起き出して、英語のノートに同級生の名前を書いてみた。出席番号一番の『アダチカズエ』から、十四番の『ソノダミキ』、つまりあたしを除いて、三十七番の『ワタナベユウカ』まで、全員。一人残らずフルネームで覚えてるところがすごく悔しくて、なんだか自分が哀れになってきて、消しゴムで一人ずつ名前を消していった。

ワニは見つからない。エサの馬肉が食いちぎられていることは何度かあったけど、どれもカメの仕業だという鑑定だった。

カメなんかに負けるなよなあ、ワニ。

あたしは、家ではやたら陽気に、おしゃべりになった。つまらないコメディアンのギャグに脇腹《わきばら》が痛くなるぐらい笑い転げ、夕食のあともずっとリビングに残って、お父さんとお母さんの恋人時代の話をせがんだり、両親には知らんぷりしていた子供時代のイタズラの数々を「あたしね、ほんとはね、昔ね」とザンゲしたりした。一度しゃべりだすと、口は勝手にえんえん動きつづけ、喉《のど》がひりついて声がしわがれても止まらなかった。

「お父さん、ギター教えてよ」と言うと、学生時代にビートルズが大好きだったお父さんは、さっそく翌日新しい弦を買って帰って、納戸《なんど》の奥にしまいこんでいたアコースティックギターをひっぱりだした。コードを押さえられるようになったら新しいギターを買ってくれるという約束も取り付けた。

お母さんにも、おねだりした。

「今度、ケーキ焼こうよ。いろんなの、教えて」

でも、お母さんの反応はお父さんとは違った。なにも答えず、じっとあたしを見つめた。「どうしたの?」と訊くと、黙って目をそらした。たぶん、先に目をそらしてくれたんだと、思う。

『大泉公園のワニ　捕獲作戦を再強化』という記事が朝刊に載ったのは、秋分の日の前日だった。もともと熱帯や亜熱帯に棲《す》むワニは気温が下がると動きが極端に鈍くなるので、一日も早く発見し、捕まえなければならない。そこで、ついにワナを仕掛けることを決めたのだという。

鉄製のケージの中に馬肉を置き、ワニがそこに入ると扉が閉まる仕掛けだ。池のイカダに置いたエサにも、カジキマグロ漁で使う大きな釣り針が仕込まれた。

翌日のひょうたん池は、ひさしぶりに朝から報道陣や野次馬でにぎわった。誰もが期待している。ワニが姿を現すことと、捕まることを。

ベランダからそれをぼんやり眺めているうちに、ワニがだんだんかわいそうになってきた。

ワニがなにをしたっていうわけ?　誰かに嚙《か》みついたり、前肢《まえあし》の爪《つめ》で公園のどこかを壊したりした?　なにもしてないじゃない。ワニはただ、黙ってそこに棲んでるだけじゃない。

自然保護とか動物愛護とか、そんなカッコいいことを言ってるんじゃない。同情とも、ちょっと違う。悔しいんだ、すごく。ベランダから岸辺の人ごみに石をぶつけたいぐらい悔しい。

みんな、にやにや笑いながら池を見ている。中学生か高校生の男のコたちが、仲間同士で池に落っことす真似《まね》をしている。

捕まえるだけじゃ物足りないんだ。ワニが暴れて、ここにいる誰かに嚙みついて、悲鳴があがって、血が飛んで、最後はワニも殺されちゃわないと、「今日はつまんなかったな」なんて言いながら引き揚げるんだ。

ゲームだもん。こんなの、全部。恨みや憎しみがなくたって、こんなふうに追い詰めていって、笑いながら殺すことができるんだ。

相手がワニだから。そして、ハブでも、きっと同じ。

うんざりした気分で部屋に戻ると、お母さんが戸口に立っていた。なにか言いたそうな顔をしている。違う、言いたいんじゃなくて、訊きたいんだ。

あたしは、「今日捕まっちゃうかもね」と笑いながら言った。

お母さんは笑い返さない。

「ミキちゃん」声が震えていた。「最近、遊びに行かなくなったんだね」

「まあね」と、あたしの声はふだんどおりだったはずだ。ずっと練習してきたんだから。

「学校、おもしろい？」

「うん」

「塾は？」

「おんなじ。休んだりしてないでしょ？　ちゃんと行ってるでしょ？　塾なんて遊びに行くんじゃないんだから、おもしろいもつまんないも関係ないじゃん」

あたしはあくび交じりに伸びをして、首をぐるぐる回した。それから……どうするんだったっけ……。何度も練習しておいたのに、お母さんの視線に射すくめられて、その次の仕草を忘れてしまった。

お母さんの後ろに、お父さんもいた。お母さんと同じようなまなざしを、あたしにぶつけている。怖い顔。でも、怒っているんじゃない。どうしていいのかわからなくて、少しいらいらしながら、あたしをにらんでいる。

「あなたは、いいから、あっちで……」

お母さんが振り向いて早口に言いかけたら、それが逆にふんぎりをつけさせたのか、お父さんはお母さんを脇に押しやって部屋に入ってきた。手に白い封筒を持っていた。「今朝、郵便受けに入ってた」と感情を必死にこらえているのがわかる、上ずっていながら平べったい声で言うのと同時に、封筒が小刻みに震えはじめた。

「なに？　それ」

あたしは、きょとんとした顔で訊いた。「きょとん」と、心の中でつぶやいた。「なに？」の「に」を息を詰めて、がんばれ、と持ち上げた。

お父さんは黙って、封筒をあたしに差し出した。封筒じゃなかった。それは、白と黒の水引のついた、おくやみ用のノシ袋だった。

『御霊前　二年B組一同』

中にはなにも入っていない。それを確かめる仕草にも無邪気な好奇心をにじませたつもりだけど、両親には伝わらなかっただろう。

「ミキちゃん、明日いっしょに先生に相談しよう？　ね？　お母さん、ちゃんと先生にお願いしてあげるから。ね？

先生に言わないと、こういうね、ひどいイタズラなんて
……ね？　明日……いまから電話しようか？　先生、今日、家にいるわよね？」

お母さんはドア枠に抱きつくような格好で、泣きながら言った。


あたしは袋を机に置き、ベッドの縁に腰掛けて、「違うの」と言った。「これ、遊びだから、ゲームなんだから」

「だって、ミキちゃん……」

「流行《はや》ってんのよ、わけのわかんない遊び。ホナミよ、きっと。あのコが、ゆうべ、これ入れてったのよ。まいっちゃうなあ。ま、あたしも別のコのカバンの中におんなじの入れといたんだけどね。聞いたことない？　香典ごっこって。けっこう流行ってんのよ。しょうがないなあ、遊びでびっくりしちゃって」

あたしはベッドに仰向けに寝転がって、キャハハハッと、「キャ」「ハ」「ハ」の文字を思い浮かべながら笑った。台本のト書きには、きっとこう書いてある。明るく、元気に、屈託なく。

お母さんは洟《はな》をすすりあげながら、あたしの顔を上から覗《のぞ》き込もうとした。それを、今度はお父さんが押しとどめる。

「ミキ」

お父さんは、お母さんの肩を抱いて言った。

「なに？」

「なにかあったら、いつでもいいからお父さんかお母さんに……」

つづく言葉を呑《の》み込んだ。まるで、ここから先は言わせないでくれ、と訴えるように。

あたしは、息を大きく吸い込んで、天井を見つめたまま言った。

「はーい」

ベッドのスプリングがたわんで、ネズミが鳴くような音をたててきしんだ。

動揺しちゃだめだ、と自分に言い聞かせた。うろたえたり、悲しんだり、怒ったりしたら、奴《やつ》らの思うツボだ。知らん顔。落ち着いて、無視。駅の雑踏を歩くときのように、なんの感情もない顔つきで過ごすんだ。

仲良くしようなんて思うから、つらくなる。同級生とは仲良くするのがあたりまえ？　そんなの嘘《うそ》だ。たまたま同じクラスになったっていうだけの、奴らは赤の他人なんだから。赤の他人が話しかけてこないのはあたりまえ。すれ違うときに目をそらすのは当然。意地悪だってしてくるよ、赤の他人なんだから。かばってくれるわけないじゃん、赤の他人を。

授業中も、休憩時間も、放課後も、あたしはずっと左胸に掌《てのひら》をあてて過ごした。

だいじょうぶ、心臓はちゃんと動いてる。あたしは死んだりしない。自殺なんか、ぜったいにするもんか。生きていくっていうのは、つらいんだから。そうだよ、楽しいわけないんだ。いままでの生活のほうがおかしかったんだ。赤の他人に囲まれてるんだもん、つらくないわけがないんだから。

こんなかんたんな理屈に、どうしてみんな気づかないんだろう。

（出典『ナイフ』［新潮文庫］より）

エイジ

重松　清

家に帰ると、母は「お帰り」を言う間もなく通り魔が逮捕されたことを切りだした。お昼のニュースで観たという。犯人は「市内の公立中学校に通う生徒」。ぼくが「知ってるよ」と言うと、「先生が話したの？」と訊くので、まあ、そんな感じかな、と気を入れずにうなずいた。

「じゃあ、みんなショックだったんじゃない？」

「そうでもなかったけど」

母をリビングに残してキッチンに入り、冷蔵庫から取り出したオレンジジュースを紙パックから直接飲んだ。

「でも、同じ中学生よ？　信じられないでしょ」

「信じるも信じないもさ」ジュースをもう一口、酸っぱさに顔をしかめて苦笑いを紛らせた。「事実なんだから」

こういう言い方を母はいつも嫌う。わかってて、言った。ときどきオトナをなめたような醒めた態度をとるのが、ぼくのいちばんよくないところなのだそうだ。

「ねえ、エイジ。どこの中学か聞いた？」

ジュースを、さらにまた一口。

「まあ、そういうの、先生が言うわけないよね」

戸棚にクッキーがあったので、三枚いっぺんに口の中に放り込んだ。今日は塾の日だ。夕食は九時過ぎになってしまう。

「いやな世の中になっちゃったね、ほんと」

母はため息交じりに言った。決まり文句が、今日も出た。それで少しホッとした。タカやんのことが、ダイオキシンや汚職や環境破壊や手抜き工事と同じぐらい遠くになる。「世の中」とは「ウチの外」の意味なのかもしれない。便利な言葉だ。これからどんどんつかおう、なんて。

クッキーを頬ばったまま、キッチンから自分の部屋に入った。ベッドの縁に腰かけて、ギターのボディーにうっすら映り込んだぼくと向き合う。まいっちゃったなと笑ったけど、赤く染まったぼくの顔はあまり動かなかった。

　小学生の頃なら、「お母さんお母さん、聞いて」と玄関に駆け込んだはずだ。息せききって、朝からのできごとをすべて母にしゃべっただろう。しゃべらずにはいられない。秘密を一人で抱え込んでいると胸が窮屈になって息苦しかったし、母の「こうしなさい」や「それはやめときなさい」の答えに従っていれば、たいがいうまくいった。

　でも、いまは違う。黙っていることの息苦しさよりも、しゃべる面倒くささのほうがいやだ。それに、母の「こうしなさい」や「それはやめときなさい」は、ぼくの「こうしたい」や「そんなのやりたくない」といつも食い違ってしまう。

　ギターを手に取った。ひさしぶりだ。左手でCのコードを押さえて、右手の親指で弾きおろしてみた。濁った音になった。低音の弦をしっかり押さえていなかったせいだ。もう一度。今度はうまくいった。きれいな和音だ。でも、ほんとうは、もっとシャリシャリした薄い音のほうがいい。深みのある音は、なんだか耳にうっとうしく響くときがある。


　通り魔が逮捕されたことは、塾でも話題になっていた。すでに「二年C組の石川」まで知れ渡っていて、ぼくが教室に入ったときには、男子は橋本を中心に、女子も同じ二年C組の柳沢明日美を中心に人だかりができていた。

「オレよりエイジのほうが詳しいと思うぜ」

　橋本はぼくの顔を見ると、逃げるように言った。

「なに言ってんだよ、オレだってなにも知らねーよ」と返したけど、人だかりの中心はぼくに移ってしまった。

「マジ、オレ、なにも知らないんだって」

　いくら言ってもダメだ。みんな「なんでもいいから教えろよ」とか「口止めされてるわけじゃないんだろ?」とか「エイジ、オレらダチだろ?」とか勝手なことを言って詰め寄ってくる。中山や海老沢なら待ってましたというふうにしゃべりまくるんだろうけど、海老沢は応用クラスのぼくと違って基礎クラスなので今日は授業がないし、中山は塾に通っていない。通うのなら小学生のクラスに入れられるだろう。

「でもさ、これマジだけど、ほんとオレらタカやんのこと知らないんだよなあ」と橋本が言った。

「そうなんだよ、知らないんだ、ぜんぜん目立たない奴だったし」とぼくもうなずく。

「だよな？　なんか印象薄い奴だもんな」「薄い薄い、消えそう」「だからさ、オレとかエイジから見たら遠いっつーか、あんまり眼中にないっつーか」「マイナー系なんだよ」「おまえらの中学にもいるだろ、そういう奴。いない？　いないわけねえよ、なに言ってんだよバーカ」「なんなんだよ、おまえら。いいかげん納得しろっつーの」……。

そんなふうに橋本と二人で、授業が始まるまでひたすら「知らない」を繰り返した。誰も納得はしていなかったけど、無理やりそれで押し通した。

帰り際に橋本がぼくのそばに寄ってきて、「だって、面倒くせえよなあ、いちいちしゃべるのって」と言い訳するみたいに言った。

「うざいよ、マジ」とぼくは言って、な？　と答え合わせをするように首を振った。二人でなにをたしかめていたのか、一人になってから急にいぶかしく思ったけど、まあいいや、と自転車を漕いでいった。

『通り魔注意』の立て看板を、七つ数えたところで家に着く。看板を見るたびにタカやんの顔がよぎった。ぼくと正面から向き合った顔はひとつもなかった。たぶん実際に面と向かって話したこともないだろう、という記憶もあやふやだった。


ぼくが塾に行っている間に、母はもうすべてを知っていた。団地の自治会の知り合いから電話が何本も入ったのだという。

怒っていた。いや、その前に、心配していた。ひょっとしたらタカやんの事件にぼくも関係しているんじゃないか、と。

「そんなのあるわけないじゃん」

あきれて笑うと、そこから母は怒りだしたのだ。

「だったら、なんでさっき言わなかったのよ。誰だって心配するわよ、そんなだいじなこと隠してるなんて」

「だって……」

「だってじゃないでしょ。エイジ、あんたね、それ、すごくだいじなことなのよ？　わかってるの？」

「わかってるよ」

「じゃあ、なんで隠してたのよ」

「知らないよ、そんなの」

テレビを観ていた姉が、早く謝っちゃいなよ、と目配せする。

父も読んでいた夕刊を畳んで、「隠したわけじゃないよなあ、エイジ。言いそびれてただけだよな？」と口を挟んだ。

ちょっと違うような気がしたけど、この場はとりあえず助け舟に乗ってうなずいた。

もちろん、母はぜんぜん納得していない。ダイニングテーブルにぼくのための遅い夕食を並べると、そのまま風呂に入ってしまった。姉といっしょに毎週欠かさず観ているドラマもパスしたほどだから、よほど怒っているんだろう。

今夜の夕食はサバの味噌煮、大根とホタテ貝のサラダ、けんちん汁。好きなおかずはなにもない。ゆうべの残り物のカレーが小鉢に入っていたので、それをメインに食べることにした。

ごはんを食べている間、父が、夕刊とニュースが伝えていたことをまとめて説明してくれた。

ゆうべの七時過ぎ、タカやんは自転車に乗っているところをパトロール中の警官に呼び止められた。てきとうに受け答えしていればよかったのに、そわそわした態度をとったために、警官の懐中電灯が全身を上から下まで照らした。背負っていたデイパックのポケットのファスナーが少し開いていて、そこから特殊警棒が覗いていた。すぐに警察署へ連れていかれた。最初のうちはとぼけていたが、連絡を受けて駆けつけた両親の顔を見て、泣きだした。

自供を始めたのは、今朝早くから。最後の犯行になった妊婦を襲った事件、あのときに赤ん坊が流産してしまったのは殺人になるのかどうか、タカやんはそのことを真っ先に取り調べの警官に尋ねたのだという。

ああ、そうか——と、つぶやいたつもりはなかったけど、父はぼくを振り向いて「どうした？」と訊いた。

ぼくは「なんでもない」と答え、食欲のないおなかにごはんを流し込んだ。タカやんのことを、やっとひとつ思いだせた。事件の翌日、昼休みのベランダで、タカやんはワタルっちや永田とそんなことを話していた。

でも、そのときの様子をどんなに細かく思いだしてみても、タカやんの声は教科書を棒読みするみたいにひらべったいままだった。震えてなんかいなかった。不安や恐怖や後悔は、なにも感じられない。だから、記憶がひどく嘘くさい。

「そういうのって殺人になるの?」と姉が父に訊いた。

父は「いや、だいじょうぶだ」と答え、「だいじょうぶってことはないか」と笑った。

「でも、そのコ、少年院に入っちゃうんでしょ?」

「うーん、どうだろうなあ……まだ中学生だし、いままで問題を起こしてないわけだから……」

「無罪?」

「そんなことはないさ。ただ、そうだな、お父さんは高校生の事件しか知らないからアレだけど、ちゃんと反省してれば遅くても卒業までには帰れるんじゃないかな」

「やだ、じゃあ、またふつうどおりに学校に来るわけ? 二十何人も襲ったのに?」

姉が不服そうに言うと、「おい、恵子。そういう言い方ってよくないぞ」と父は声を強めた。

「だって、怖いと思わない? あんなことやるコって、ぜったいビョーキだ、ビョーキなんかじゃないし、ちゃんと反省するさ」

「だいじょうぶだ、ビョーキだもん」

「なんでわかるわけ? 会ったこともないのに」

「お父さんだって、ダテに二十年も教師をやってないよ。どんなに悪いことをしても、親の顔を見て泣ける生徒は、ぜったいに立ち直る。ほんとだぞ、それ」

父の言葉は、半分はぼくに向いているみたいだった。

ぼくは黙って、カレーをスプーンですくう。ゆうべ、タカやんが警官に呼び止められた頃、ぼくはこのカレーを食べていた。お代わりもした。鍋からよそるときに肉ばかり選んで、母に叱られた。そのとき、タカやんはもうパトカーに乗せられていたんだろうか……。

ごはんを食べ終えた頃、片桐くんから電話がかかってきた。

「ガシチュウってさ、四月にクラス写真とか撮ってない?」と訊かれた。

「撮ったけど」と答えると、やったぜ、とガッツポーズする気配が伝わる。そばに何人かいるみたいだ。

「あのさエイジ、悪いんだけど、今度の塾の日に、それ持ってきてくんない？」

　ぼくは黙っていた。

「でさ、もしできれば、ソッコーで返すから、それちょっと貸してくんないかなあ」とつづける片桐くんの声の後ろで、「百円払ってもいいってよ」と誰かがおどけて言って、別の誰かが「バカ、聞こえるよ」と笑った。

「オレ、持ってないから」とぼくは言った。

「え？　だって、いま……」

「写真撮ったけど、買わなかった」

「なんだよ、それ」

「そんなのオレの勝手じゃん」

「そりゃそうだけどさ、あ、そうだよ、だったら他の写真ない？　運動会でも社会科見学でもいいんだけど」

「あるよ」

　軽く答えて、向こうの期待がグッと高まったところで「でも、あいつ、写ってないよ」と付け加えた。


もう一言、「バーカ」ぐらい言ってやってもよかった。

　片桐くんはまだ粘ろうとしていたけど、ぼくは「じゃあね」と言って電話を切った。今度からあいつが話しかけてきてもシカトだな、と決めた。でも、もし通り魔が北中学の生徒だったら、ぼくだっていまと同じ電話を片桐くんにかけたかもしれない。

　そんなこと、ぜったいにしないよオレ——なんて言わない。


　机の中や本棚をひっかきまわしてようやく見つけたクラス写真は、斜めに大きく折れ目がついていた。「早くアルバムに貼っちゃいなさいよ」と一学期の頃から母に言われていたのを「今度やっとく」ばかりで放っておいたせいだ。母の「こうしなさい」も、たまには当たる。

　二年生になって二日めか三日めに撮った写真だ。みんな、まだよそよそしい顔をして、ちょっとガキっぽく見える。

　ツカちゃんがいた。隣のコウジの肩に後ろから手をまわしてVサインをつくり、そうだ、写真ができあがったときに「おおーっ、これ、心霊写真じゃん！」と一人で大騒ぎして、みんなのヒンシュクを買ったんだっけ。

タモツくんは、みんなが真正面を向いているなか一人だけ体を斜めにして、ちょっとうつむいて前髪を垂らしている。四月に写真を見たときには感じなかったけど、意外とこういうときにはカッコつける奴なんだなと知って、なんとなく嬉しくなった。

中山と海老沢は、写真でもコンビを組んで並んでいた。せいいっぱい目つきをとがらせた中山の顔は、この頃はまだ不良中学生というより悪ガキ小学生といった感じだ。隣の海老沢は、いかにもあいつらしいタイミングの悪さで、目をつぶってしまっている。

髪の長い相沢志穂は、いまとはだいぶ印象が違う。おとなしそうに見える。そっちのほうがオンナっぽいのかもしれないけど、相沢はショートヘアが似合う。ぜったい、いまのほうがいい。

写真の中のぼくは、いまより丸顔だ。顔だけじゃなくて、体ぜんたいが骨張っていない。粘土でつくった人形と同じで、体の奥まで肉が詰まっているみたいだ。でも、いまは最初にまず骨組みがあって、そこに肉がついているのを、自分でもたしかに感じる。

そして――タカやん。いた。あたりまえだ。ちゃんと、いる。

折れ目が肩から斜めに走っている。折れ目がかかってしまったのは五、六人だったのに、そのうちの一人がタカやんだった。

もっと顔をよく見ようと写真を目に近づけたけど、表面が絹目仕上げされていたので、距離が近すぎると目や鼻や口が細かなでこぼこに紛れて、かえってよくわからなくなってしまった。

翌朝、教室に入ってきた中山はカバンからスポーツ新聞を何紙も取り出した。学校に来る前にコンビニに寄って買い込んだのだという。「一人百円ずつな」とセコい商売をもくろんでいたようだけど、「ゴタク言ってんじゃねーぞタコ」とツカちゃんに新聞を奪い取られ、けっきょくみんなで回し読みすることになった。

どの新聞にもタカやんのことが大きく載っていた。最初はみんな「タカやん、チョー有名人じゃん」

なんて盛り上がっていたけど、記事をよく読んでみると、じつはタカやんは主役じゃなかった。

　どの新聞も、通り魔が十四歳の少年だったことに驚き、その驚きを読者と分かち合おうとしていた。タカやんは、顔も名前も出ていない。どんな奴だったかについても「公立中学に通うごくふつうの生徒」程度しか書いていない。呼び方は「少年」か「A」。それをすべて「石川貴史」に置き換えてみても、ぜんぜんタカやんにつながらない。犯行の動機も、ストレスとかマンガの影響とかゆがんだ性欲とか、いろんなことを並べ立てていたけど、どれもタカやんがじっさいに話したわけじゃない。

　だからなのか、記事を読んだあとも、なにかがわかった、という感じがしない。胸がもやもやする。タカやんが警察に捕まる前、正体のわからない通り魔について話していた頃のほうが、よほどすっきりしていた。

　みんなが読み終えた新聞を、自分の席で本を読んでいたタモツくんに持っていった。タモツくんは「べつにいいよ、スポーツ新聞なんて」と気乗りしない様子だったけど、「まあ、ちょっと読んでよ」と頼むようにして渡した。

　タモツくんは面倒くさそうに記事をざっと読んで、「ふうん」とうなずいた。

「なんかさ、犯人なんて誰でもよかったって感じしない？」と声をかけると、「そんなのあたりまえじゃん」とあっさり返された。

「未成年だから、やっぱり詳しく書くとヤバいのかなあ」

「それもあるけど、ようするにさ、誰でもいいんだよ。犯人が中学生だったってことが、今回の事件のウリなんだから」

「ウリ、ねえ……」

「流行ってるもん、いま、中学生」

「流行ってる」という言い方がおかしくて、思わず笑った。

　でも、たしかに新聞やテレビのニュースには「中学生」という言葉がしょっちゅう出てくる。いじめとか不登校とかナイフとか体罰とか、ろくな話題のときじゃない。「中学生」にくっつく言葉も、「キレる」とか「荒れる」とか「病んだ」とか「疲れた」とか「きしみ」とか「ひずみ」とか「悲鳴」とか

「SOS」とか「行き詰まり」とか「窒息」とか……イオン式の空気清浄機と同じで、いやな言葉がどんどん「中学生」に引き寄せられているみたいだ。

タモツくんは新聞の別のページにクロスワードパズルを見つけ、「あ、これレベル高そう」とつぶやいて、シャーペンを手に解きはじめた。

「でもさあ、名前が出ないのって、タカやんにとってはそっちのほうがいいに決まってるけど、なんかさびしい気しない？」

「名前が出ても同じだよ」タモツくんはパズルの升目をどんどん埋めていく。「オレ、賭けてもいいぜ、もしタカやんの名前が出てても、すぐにみんな忘れるよ。覚えてるのは、犯人が中学生っていうことだけだって」

「忘れるかなあ」

「オレらは違うさ、本人のこと知ってるんだから。でも、関係ない奴にとっては、『石川貴史』なんてどうでもいいんだよ。でも、『中学生』はみんなに関係あるだろ？」

うまく答えられなかった。ぼくが思い描いた「みんな」は現役の中学生や中学生の子供がいる家族だけだった。

タモツくんはパズルを解く手を休めずに、しょうがないなあ、というふうに笑った。

「ちょっとキザっぽく言うけどさ、人間には三種類しかないんだよ。わかる？」

わかるわけない。

「これから中学生になる奴らと、いま中学生の奴らと、昔中学生だった奴ら。この三種類で人間ぜんぶだろ？　だから、『石川貴史』と関係のある奴なんてほんのちょっとしかいないけど、『中学生』は日本中みんなに関係あるんだよ」

なるほど、と半分思い、残り半分で、それ屁理屈じゃないのかな、とも思った。話を聞いているときには納得するけど、あとになって思い返すと「あれ？」と首をひねってしまう——タモツくんには、そういうところがある。イソップ童話のキツネみたいだ。

タモツくんは「これ持ってっていいよ」とタカやんの記事が載ったページを抜き取って、ぼくに渡した。

「もう読まないの？」

「一回読めばじゅうぶんだろ、そんなの」

ぼくはすでに三回読んでいた。

そして、四回め。

「少年」の文字とあらためて向き合っても、やっぱりタカやんの顔にはつながらない。代わりに、『少年マガジン』の表紙が思い浮かんだ。次に、テレビの『電波少年』。『十五少年漂流記』や『少年探偵団』なんていうのも浮かんだ。

ほんとうはけっこうカッコいい言葉なんだな、と思った。

（出典『エイジ』〔朝日文庫〕より）

文庫版のためのあとがき

この本は、「未来の学力」とも呼ばれる〈情報編集力〉を高めるためにデザインされた国語の教科書である。

中学生でも親しめる重松清の本から教材を厳選しているから、問いかけられたことを自分自身で考えてみるたびに、人生に必要な国語的な〈情報編集力〉が身に付くだろう。さらに、古典が苦手な読者には、橋本治の情報編集の妙を楽しんでもらいたい。

よく「読解力が落ちた」と言われる。

OECD（経済協力開発機構）が行った国際的な学習到達度調査（PISA調査）で、日本の子供たちの「読解リテラシー」が2000年度の8位から2003年度には14位に落ちたことが、テレビでニュースとして伝えられたからだ。

多くの新聞もこれを「読解力が落ちた」と伝えた。しかし、これは明らかに誤訳である。PISA調査で問われた「読解リテラシー」とは、日本人の感覚で言う「読解力」のことではない。『走れメロス』を読んで、主人公の気持ちに近い文章を次の4つの中から選びなさい、という正解当てクイズをいくらやっても解けないような「未来の学力」が問われたのだ。

たとえば次のような問題にどう答えるか。「街の壁にはよくアートのような落書きがされていますが、公共物に落書きするのは犯罪ではないかと主張するA子さんと、それをいうなら広告物だってみんなに断って出しているわけではないから別にかまわないんじゃないとするB子さんがいます。あなたはどちらの意見により近いですか？　その理由とともに述べなさい」。

正解があるわけではないから、自分が納得できる意見を他人も納得するような納得解として述べなければならない。

日本の高校生の40%は、こうした問題に答えられなかった。

正解のない問題に弱いからだ。正解のない問題が噴出してくる成熟社会を生き抜くには致命的だろう。対して、フィンランドでは、成熟社会を生きる技術として「未来の学力」をつける教育が行われているから、PISA調査では2000年、2003年とも国際ランキング1位に輝いた。

ここで、求められているのは、書かれている題材を批判的に読み込んで自分の意見を形づくり、他人が納得できる論理的な文章にして表現するチカラ。英語では「クリティカル・シンキング（Critical thinking）」＝批判的に読み解くチカラともいう。それが『情報編集力』である。

正解のない問題にも勇気を持って立ち向かい、自分自身の納得解を導いて、堂々と他人を説得できるチカラの養成が急務なのである。

教育の再生は、大人を含めた〈情報編集力〉の再生でなければならない。

２００７年８月

返歌のような解説

平田オリザ

こういう教科書的な本の「解説」を書くのは緊張する。だって、その教科書の内容に合わせて、たとえば今回なら、とにかく「書き出しは何かインパクトがあるもの」にしなければいけないし、これから書く文章も、できるだけ重複を省いて、「伝わる」文章を書かなければならないのだから……。

といったことを考えていると時間だけが過ぎていくので、ともかく書き出してみよう。

藤原さんとは、しょっちゅう会っているような気がするのだけど、数えてみると、きちんと話をしたのは数回かもしれない。

ある雑誌社の企画した対談があって、うまくいく対談ではよくあることだけれど、会って数分で、「あぁ、この人は、大筋の所では、ほとんど同じことを考えているな」とお互いに感じ合ってしまって、あとはもう編集者が「本当に、今日初めて会うのですか？」と疑《うたぐ》るほどに、話が弾んでしまったのだった。その日、私は芝居の本番を抱えていて、これから劇場に向かうと言うと、藤原さんは、「よし、俺も行く」と言いだして、それから二人して井の頭線に乗って、その間も二人はつり革にぶら下がりながら、教育や芸術のことを喋り続けていたのだった。

そういう出会いは、他にも何度かあるが、数日後にいきなり、「うちの学校で授業をしてください！」とメールが来たのには驚いた。だって、まだ本当に、会って数時間話しただけだったのに。

しかし、藤原さんの、「子どもたちにとって役に立ちそうなことなら、なりふり構わずやってみる」という姿勢には共感が持てた。「お礼はほとんど出せないのだけど、日本一旨い給食を食べさせます」という誘いに乗って、数週間後、和田中学校でモデル授業をした。

そのあとは、ときどき忘れた頃にメールが来たり、品川駅の新幹線ホームでばったり会ったり、それでも一度共有した同志的な雰囲気は変わるはずもなく、現在に至っている。

さて、藤原さんとの出会いは、こんな感じなのだけど、これ以上、通り一遍の解説を書いたところで意味が薄いので、以下は、この素敵な教科書への、私なりの返信。ちょっとできすぎているように思われるかもしれないけれど、本当にあった私のモデル授業の話を紹介しよう。

私自身も、数年前からコミュニケーションに関心を持ってもらうための演劇的な授業を、年に十校ほど行っている。私の授業は、まず私の書いた簡単なスキット（台本）があり、それに沿って班ごとに演劇を創る（一時間目）。次に、スキットのいくつかの部分が空欄になっているワークシートを渡して、生徒たちに台詞を考えてもらう（二時間目）。そして発表（三時間目）といういたって簡単なものだ。

ストーリーも、先生が来る前の朝の教室の様子→そこに先生が転校生を連れてやってくる→転校生に質問をする→先生は職員室に戻ってしまい、生徒と転校生だけが残る、という単純なもの。しかし、これで、小学校五年生以上なら、三時間で芝居を創り演じることまでを体験できる。藤原さんの和田中で行ったのも同様のものだ。

さて、東北のある中学校で、この授業をやったときに、一人、軽度の吃音《きつおん》の子どもがいた。この少年のいる班はとても活発で、後半をアドリブでやりたいと言い出した。この授業は、話し言葉をワークシートに落としていくところがミソなので、アドリブは禁止なのだが、一時間目は、ひと班くらい、そういう班があって失敗をしても、それはそれで意味があるので申し出を許した。

しかし、いざ発表の段になると、その吃音の少年がアドリブの部分で止まってしまった。ご承知の通り、吃音というのは一度止まってしまったら、これはなかなか出てくるものではない。私がそばに行って、耳元で台詞をささやいてみたのだが、やはりダメだった。そのうち少年は、号泣してしまった。中学二年生の男の子が、大粒の涙を流して泣き出してしまった。

こうなると、ふらりとやってきて授業をする私のような立場では、どうすることもできない。だが、担任の先生の顔を見ると、「大丈夫です」という表情なので、その場は、それで終わりにした。休み時間に見ていると、周りの子どもたちが、きちんと少年に謝っていた。

二時間目、たしかに心配するほどのこともなく、少年も楽しそうに、台詞の創作に加わっている。普段から仲のいい班なのだろう。

ところが、この班は、なぜか難しいことに挑戦したがる班で、今度は、先生がいなくなってから子どもたちが喧嘩を始めるというシチュエーションを考え出した。どうなるだろうかと見ていると、やはり大事な場面で、少年が、「台詞を言うのが難しい」と言い出した。順番に台詞を言っていくぶんには大丈夫なのだが、喧嘩のシーンのような混乱の中で発語をするのが負担なのだ。

一時間目のことがあったので、心配は心配なのだが、ここはぐっと我慢して、子どもが自分たちで問題を解決できるかを見守らなければならない。時計を見ながら、どうしても間に合いそうにないときだけ助けの手をさしのべるのだ。表現教育は、生徒たちの中から表現が出てくるのを待つ勇気が肝心だ。

やがてその班の中のある生徒が、「じゃあ、先生が戻ってくることにしよう」というアイデアを提案した。そうして、一人だけ何も喋らず喧嘩に参加していない少年を、「コラ、またおまえか！」と叱って職員室に連れて行ってしまうというオチを考えたのだ。

三時間目の発表。周りの生徒たちは、一時間目のことを思い出して、この班の発表を緊張の面持ちで見ていた。特に後半、喧嘩のシーンになって少年が黙ってしまうと、ますますその緊張の度合いが高まった。しかし、その刹那、先生役の男の子が、ガラガラと扉を開け、「コラ、またおまえか！」と少年の首根っこを捕まえて出て行ってしまうと、教室は爆笑の渦に包まれた。

私は、全国で年に何十回と同じ授業をしているので、滅多なことでは感動などしないのだけど、さすがにこのときは心を動かされた。吃音＝上手く喋れないというマイナス札を、子どもたちは、自分たちの力だけで、立派に表現へと結びつけたのだ。

私たち大人は、「きちんと、正しく、美しく喋らせよう」と考える。それは親心だから仕方がない。しかし、そのことが、子どもたちにとっては表現へのプレッシャーになっていないだろうか。

子どもたちのコミュニケーション能力を育てるのに必要なのは、発達段階に応じた適切な教材と、タイミングのいいアドバイスだけで、それ以上でもそれ以下でもない。そのことを、この本は、端的に示してくれている。

（劇作家）

本書は二〇〇三年一月、新潮社から刊行され、文庫化にあたり大幅に手を加えた。

現代語訳 文明論之概略　福澤諭吉　齋藤孝＝訳

「文明」の本質と時代の課題を、鋭い知性で捉え、巧みな文体で説く。福澤諭吉の最高傑作にして近代日本を代表する重要著作が現代語でよみがえる。

「自分」を生きるための思想入門　竹田青嗣

なぜ「私」は生きづらいのか。「他人」や「社会」をどう考えたらいいのか。誰もがぶつかる問題を平易な言葉で哲学し、よく生きるための〝技術〟を説く。

私の幸福論　福田恆存

この世は不平等だ。何と言おうと！ しかしあなたは幸福にならなければ……。平易な言葉で生きることの意味を説く刺激的な書。（中野翠）

生きるかなしみ　山田太一編

人は誰でも心の底に、様々なかなしみを抱きながら生きている。「生きるかなしみ」と真摯に直面し、人生の幅と厚みを増した先人達の諸相を読む。

「読み」の整理学　外山滋比古

読み方には、既知を読むアルファ（おかゆ）読みと、未知を読むベータ（スルメ）読みがある。リーディングの新しい地平を開く目からウロコの一冊。

闇屋になりそこねた哲学者　木田元

原爆投下を目撃した海軍兵学校帰りの少年は、ハイデガーとの出会いによって哲学を志す。自伝の形を借りたユニークな哲学入門。（与那原恵）

哲学の道場　中島義道

哲学は難解で危険なものだ。しかし、世の中にはこれを必要とする人たちがいる。――死の不条理への問いを中心に、哲学の神髄を伝える。（小浜逸郎）

学問の力　佐伯啓思

学問には普遍性と同時に「故郷」が必要だ。経済用語に支配され現実離れしてゆく学問の本質を問い直し、体験を交えながら再生への道を探る。（猪木武徳）

橋本治と内田樹　橋本治　内田樹

不毛で窮屈な議論をほぐし直し、「よきもの」に変える成熟した知性が、あらゆることを語りつくす。伝説の対談集ついに文庫化！（鶴澤寛也）

レトリックと詭弁　香西秀信

「沈黙を強いる問い」「論点のすり替え」など、議論に仕掛けられた巧妙な罠に陥ることなく、詐術に打ち勝つ方法を伝授する。

生き延びるためのラカン　斎藤環

幻想と現実が接近しているこの世界で、できるだけリアルに生き延びるためのラカン解説書にして精神分析入門書。カバー絵・荒木飛呂彦　（中島義道）

ちぐはぐな身体《からだ》　鷲田清一

ファッションは、だらしなく着くずすことから始まる。中高生の制服の着崩し、コムデギャルソン、刺青等から身体論を語る。（永江朗）

逃走論　浅田彰

パラノ人間からスキゾ人間へ、住む文明から逃げる文明への大転換の中で、軽やかに〈知〉と戯れるためのマニュアル。

ナショナリズム　浅羽通明

新近代国家日本は、いつ何のために、創られたのか。日本ナショナリズムの起源と諸相を十冊のテキストを手がかりとして網羅する。（斎藤哲也）

増補 サブカルチャー神話解体　宮台真司／石原英樹／大塚明子

少女カルチャーや音楽、マンガ、AVなど各種メディアの歴史を辿り、若者の変化を浮き彫りにした前人未到のサブカル分析。（上野千鶴子）

反社会学講座　パオロ・マッツァリーノ

恣意的なデータを使用し、権威的な発想で人に説教する困った学問「社会学」の暴走をエンターテイメントな議論で撃つ！　真の啓蒙は笑いから。

誰も調べなかった日本文化史　パオロ・マッツァリーノ

土下座のカジュアル化、先生という敬称の由来、全国紙一面の広告。――イタリア人(自称)戯作者が、資料と統計で発見した知られざる日本の姿。

希望格差社会　山田昌弘

職業・家庭・教育の全てが二極化し、「努力は報われない」と感じた人々から希望が消えるリスク社会日本。「格差社会」論はここから始まった！

ザ・フェミニズム　上野千鶴子　小倉千加子

当代きってのフェミニスト二人が、さまざまなトピックを徹底的に話しあった。今、あなたのフェミニズム観は根本的にくつがえる。（遙洋子）

東大で上野千鶴子にケンカを学ぶ　遙洋子

そのケンカ道の見事さに目を見張り「私も学問がしたい！」という熱い思いを読者に湧き上がらせた、涙と笑いのベストセラー。（斎藤美奈子）

自分の仕事をつくる　西村佳哲

仕事をすることは会社に勤めること、ではない。仕事を「自分の仕事」にできた人たちに学ぶ、働き方のデザインの仕方とは。（稲本喜則）

自分をいかして生きる　西村佳哲

「いい仕事」には、その人の存在まるごと入ってるんじゃないか。『自分の仕事をつくる』から6年、長い手紙のような思考の記録。（平川克美）

新宿駅最後の小さなお店ベルク　井野朋也

新宿駅15秒の個人カフェ「ベルク」。チェーン店にはない創意工夫に満ちた経営と美味さ。帯文＝奈良美智（柄谷行人／吉田戦車／押野見喜八郎）

町工場・スーパーなものづくり　小関智弘

宇宙衛星から携帯電話まで、現代の最先端技術を支えているのが町工場だ。そのものづくりの原点を、元旋盤工でもある著者がルポする。（中沢孝夫）

増補　経済学という教養　稲葉振一郎

新古典派からマルクス経済学まで、知っておくべき経済学のエッセンスを分かりやすく解説。本書を読めば筋金入りの素人になれる⁉（小野善康）

移行期的混乱　平川克美

人口が減少し超高齢化が進み経済活動が停滞する社会で、未来に向けてどんなビジョンが語れるか？　転換点を生き抜く知見。（内田樹＋高橋源一郎）

独学のすすめ　加藤秀俊

教育の混迷と意欲の喪失には出口が見えないが、IT技術は「独学」の可能性を広げている。「やる気」という視点から教育の原点に迫る。（竹内洋）

「教える技術」の鍛え方　樋口裕一

ダメ教師だった著者が、「カリスマ講師」として知られるようになったのはなぜか？　自らの経験から見出した「教える技術」凝縮の一冊。（和田秀樹）

ドキュメント　ブラック企業　今野晴貴・ブラック企業被害対策弁護団

違法労働で若者を使い潰す、ブラック企業。その「手口」は何か？　闘うための「武器」はあるのか？　さまざまなケースからその実態を暴く！

英語に強くなる本　岩田一男

昭和を代表するベストセラー、待望の復刊。暗記やテクニックではなく本質を踏まえた学習法は今も新鮮なわかりやすさをお届けします。（晴山陽一）

ちくま文庫

人生《じんせい》の教科書《きょうかしょ》
[情報編集力《じょうほうへんしゅうりょく》をつける国語《こくご》]

二〇〇七年十月十日　第一刷発行
二〇一七年十月十五日　第四刷発行

著　者　藤原和博（ふじはら・かずひろ）
重松　清（しげまつ・きよし）
橋本　治（はしもと・おさむ）

発行者　山野浩一
発行所　株式会社　筑摩書房
東京都台東区蔵前二―五―三　〒一一一―八七五五
振替〇〇一六〇―八―四一二三
装幀者　安野光雅
印刷所　錦明印刷株式会社
製本所　株式会社積信堂

乱丁・落丁本の場合は、左記宛にご送付下さい。
送料小社負担でお取り替えいたします。
ご注文・お問い合わせも左記へお願いします。
筑摩書房サービスセンター
埼玉県さいたま市北区櫛引町二―六〇四　〒三三一―八五〇七
電話番号　〇四八―六五一―〇〇五三

ISBN978-4-480-42371-9　C0180